W0364209

Les mémoires de

Marcel Péroche

"sénateur" du rail

J'offre ce livre à Monsieur Jean
Bergougnoux nouveau president
du conseil d'administration de la SNCF
avec la sympathie d'un des derniers
survivants de la "Bataille du rail"
ancien mecanicien de l'orient Express
dans un pays qui avait pour cadre
Les Mille et une nuits - La Syrie
Le "Senateur" du rail

Marcel Péroche

Les mémoires de Marcel Péroche "sénateur" du rail

Avec la collaboration
de Didier Sénécal

Berger-Levrault

© Berger-Levrault, février 1984
229, boulevard Saint-Germain, 75007 Paris
ISBN : 2-7013-0556-X

Un métier de chien

J'ai passé la plus grande partie de mon existence au chemin de fer, et pour rien au monde je n'aurais voulu faire un autre métier. Dès mon plus jeune âge je rêvais de cette vie de nomade, où l'on passait davantage de temps avec sa machine qu'avec sa femme et ses enfants. Quand j'avais dix ou douze ans, j'allais me poster sur le pont de Diconche, sur la Charente, et durant des après-midi entiers je regardais passer les trains sur la ligne Paris-Royan. Les rapides fonçaient à plus de 100 kilomètres à l'heure, mais on pouvait apercevoir le mécanicien qui se penchait à l'extérieur pour mieux observer les signaux derrière ses grosses lunettes, et le chauffeur qui enfournait des pelletées de charbon par la porte du foyer.

Par la suite, l'expérience m'a appris que le métier de roulant à la traction vapeur était un métier de chien, mais je l'ai adoré. Si je devais recommencer ma vie, j'exercerais exactement la même profession. Autrefois, il n'était pas question de « conditions de travail », et il fallait vraiment avoir une peau de requin pour résister. L'hiver, nous étions dehors par tous les temps, et le chauffeur était souvent trempé à la fois de sueur et de pluie glacée. Dans le brouillard, le mécanicien devait scruter la voie pendant des heures pour apercevoir la position des signaux. L'été, le plus terrible, c'était la soif, surtout sur les trains de manœuvres, quand il fallait travailler dans les gares en plein soleil, avec cinquante degrés sur la locomotive et de la poussière de charbon plein la gorge. Dans les gares, l'eau des puits était souvent glacée, mais nous en buvions des litres à même le seau. Pourtant, les roulants avaient le plus faible pourcentage de malades; au cours de ma carrière de mécanicien, je n'ai jamais pris un seul jour d'arrêt.

Les nuits aussi étaient très dures. Quand j'étais au service Pacific sur le parcours Thouars-Paris, il fallait assurer quatre nuits consécutives, sans pouvoir vraiment se reposer dans la journée. Mais on trouvait cela normal. Pour chaque trajet, le chauffeur brûlait cinq ou six tonnes de charbon; quand il ne maniait pas la pelle dans le tender, il construisait son feu et il donnait des coups de crochet.

Alors, pourquoi avoir choisi un tel métier? D'abord, nous étions bien payés, et nous partions en retraite à cinquante ans, mais ce n'était pas le plus important. Il y avait surtout le goût pour la vie active et pour les aventures. Et puis, quand le mécanicien et le chauffeur s'entendaient parfaitement, ils pouvaient former une véritable équipe. À l'époque, on n'avait pas l'énergie à volonté, et il fallait tout le savoir-faire du chauffeur pour produire la vapeur d'eau, ce gaz qui tractait le train. Le chauffeur devait posséder une technique supérieure, et surtout être vaillant, car c'était une véritable lutte que d'alimenter le feu. Le mécanicien, lui, prenait garde de bien utiliser le profil de la ligne, afin d'économiser le gaz produit par son compagnon. Mais l'équipe traction devait par-dessus tout éviter la faute la plus grave et la plus sévèrement punie : la fonte des plombs fusibles, qui risquait de provoquer l'explosion de la chaudière.

Il fallait aussi aimer les responsabilités. Le mécanicien n'avait pas le droit de se tromper, car toute erreur dans le respect des signaux ou dans le freinage pouvait entraîner une catastrophe. Mais la récompense était magnifique : comme le capitaine sur le pont de son navire, il était sur sa locomotive le seul maître à bord après Dieu.

Aux ateliers de la CIMT

J'avais sept ans quand la guerre s'est déclarée. Mon père était ouvrier boulanger, et malgré des journées extrêmement longues, qui pouvaient aller jusqu'à quatorze ou quinze heures, il était bien peu payé. Ma mère était continuellement malade à la suite de l'arrachement d'un rein lors de ma naissance. Elle avait été opérée, mais les chirurgiens n'avaient pas réussi à accrocher le rein dans sa position d'origine, sans doute parce qu'à l'époque ils n'étaient pas très adroits. Elle en a souffert toute sa vie.

Comme mon père avait quatre enfants, et par-dessus le marché une grand-mère à charge, il espérait être exempté d'aller au front, d'autant plus qu'il n'avait jamais effectué de service militaire. Mais il dut déchanter quand il fut mobilisé en octobre 1914. Il quitta Saintes pour faire ses classes comme fantassin au camp de Souges, à côté de Bordeaux. La France était dans une situation trop grave pour qu'on tienne compte des problèmes familiaux. Au début du mois de novembre, on l'envoya sur le front dans les Vosges, et il fut blessé l'année suivante.

Bien que ma mère soit repasseuse, elle ne pouvait pas travailler en raison de sa santé, aussi fallait-il se contenter de la petite allocation mensuelle versée par le gouvernement. Je peux dire que mes frères, ma sœur et moi, nous avons eu une jeunesse malheureuse, et même très malheureuse. Il nous est arrivé de pleurer tellement nous avions faim, mais notre situation n'avait rien d'exceptionnel : beaucoup de familles connaissaient alors la même misère.

Pour ne pas être condamnés au pain sec, nous allions aux champignons à la saison, nous ramassions des châtaignes dans les bois et des pommes tombées dans les vergers. Nous fabriquions aussi de la piquette avec des pruneaux sauvages; comme le sucre était trop cher, ma mère y mettait de la cassonade. Juste après les vendanges, c'était le moment d'aller râper dans les vignes, c'est-à-dire ramasser les raisins oubliés. Avec de la cassonade et de l'eau, on arrivait presque à en faire une boisson convenable.

A la fin de la guerre, beaucoup d'Américains débarquaient à Bordeaux ou au Verdon. Ils apportaient un matériel considérable, et du ravitaillement. Ceux qui arrivaient à Bordeaux prenaient le chemin de fer jusqu'à Pons; de là, leurs officiers les faisaient marcher jusqu'à Saintes en guise d'entraînement. Nous partions à leur rencontre le matin au point du jour, et nous faisions quarante kilomètres aller et retour, nu-pieds parce qu'il fallait économiser les souliers pour la messe du dimanche. Sur le chemin du retour, nous leur apportions de l'eau fraîche, des mûres, et aussi du raisin : c'était le mois de septembre. En récompense, ils nous distribuaient des boîtes de « singe » et des conserves de fruits; ils avaient tout de suite compris la détresse dans laquelle nous nous trouvions. Quand je rentrais à la maison, ma mère et ma grand-mère ouvraient de grands yeux d'étonnement. Ma mère s'inquiétait toujours un peu, parce qu'à cette époque l'honnêteté passait avant la faim :

— Tu ne l'as pas volé, toujours?

— Non, ce sont les Américains qui m'ont donné tout ça.

Alors ma grand-mère levait les yeux au ciel :

— Que Dieu protège ces Américains!

Aujourd'hui, je me pose des questions quand je vois tout le monde se plaindre, y compris les catégories sociales les plus huppées. Les gens sont de véritables saules pleureurs, et l'État est devenu un bureau national d'aide sociale. Mais c'est tant mieux : les gens sont malheureux d'être trop heureux!

Enfin la guerre s'est terminée le 11 novembre 1918. Mes parents tenaient à ce que nous ayions notre certificat d'études tous les quatre, pour pouvoir nous faire une situation convenable. En 1919, je suis passé en première classe, mais j'étais très faible parce que je n'avais rien appris dans les précédentes. Pendant la guerre c'était le laisser-aller; nous étions trop occupés à chercher de quoi manger pour étudier sérieusement. Heureusement, un nouveau directeur d'école fut nommé; il venait de Saint-Fort-sur-Gironde. Je peux dire que cette année-là, j'en ai « arraché » pour rattraper le temps perdu. Il avait promis à mes parents que je serais reçu, à condition qu'ils lui laissent les mains libres. Bien souvent je me suis aperçu qu'elles étaient vraiment libres... J'en garde un souvenir cuisant, mais je le remercie d'avoir employé les grands moyens, car c'est grâce à lui que j'ai réussi honorablement. Après avoir passé mon certificat d'études en juin 1920, à l'âge de treize ans et demi, je devais penser à apprendre un métier.

Saintes était alors une grande ville ferroviaire, plus

encore qu'aujourd'hui. Il y avait des ateliers, un important dépôt de locomotives, un service d'entretien des wagons, et trois arrondissements qui regroupaient la traction, la voie et l'exploitation. L'ensemble dépendait du Réseau de l'État. À l'époque, celui-ci desservait la Normandie, la Bretagne et l'Ouest, mais les autres réseaux, comme l'Est ou le PLM (Paris-Lyon-Méditerranée), étaient des compagnies fermières, c'est-à-dire privées. Depuis déjà bien longtemps, les cheminots souhaitaient l'unification de tous les réseaux sous la tutelle de l'État.

En mai 1920 éclata la grève la plus terrible de l'histoire du chemin de fer. La puissante CGT avait remporté quelques succès dans les mois précédents, aussi prit-elle la décision de faire nationaliser tous les chemins de fer français. A Saintes, les ateliers suivirent le mot d'ordre presque en totalité, mais à la traction, à l'exploitation et à la voie, seuls les durs débrayèrent.

Nous profitions du congé du jeudi pour aller voir les meetings que tenaient les grévistes aux Acacias, sur la route de Lormont, ou au Maine. Les grands leaders montaient sur une estrade et encourageaient les grévistes :

— Tenez bon, camarades! Nous allons avoir satisfaction sur nos justes revendications.

Quand les discours étaient terminés, les cheminots formaient un long cortège de sept ou huit cents personnes, avec des banderolles. Musique en tête, ils défilaient dans la ville en chantant. En passant devant la maison du sénateur, le cortège s'arrêtait. La musique jouait *l'Internationale,* et toute l'assistance reprenait. À ce moment-là, les volets de la somptueuse demeure se fermaient, car à l'intérieur ils avaient peur des rouges. Pour ne pas faire de jaloux, le cortège se rendait ensuite chez le maire, qui avait droit à la même sérénade. Enfin, vers midi, c'était la dispersion.

Après avoir répété le même scénario pendant quinze jours, les grévistes éprouvèrent une certaine lassitude. L'argent ne rentrait plus à la maison, et les femmes commençaient à faire vilain. Mais il n'était pas question de céder, il fallait tenir coûte que coûte. Les plus démunis vendaient leurs meubles et leur linge; j'ai même entendu parler d'alliances en or. Et durant les meetings et les défilés, les chants avaient moins d'intensité; la tristesse faisait son apparition.

Bien sûr, la direction n'attendait que cela pour inciter les grévistes à reprendre le travail. Elle chercha à les mettre au pied du mur en fixant des dates limites : si tel jour les cheminots étaient à leur poste, elle promettait qu'ils ne seraient pas inquiétés. Mais il n'y avait ni radio ni télévision, et je n'ai jamais su si ces propositions avaient été bien transmises par les délégués.

Enfin, la direction lança un dernier avertissement : les grévistes étaient punis d'un blâme et, s'ils ne respectaient pas le délai fixé pour la reprise, ils seraient révoqués. Les cheminots ne crurent sans doute pas à ces menaces, et ils continuèrent encore un peu la grève, jusqu'au jour où, la queue entre les jambes, ils durent tous reprendre le travail.

En 1920, la majorité des députés était à droite : c'était la « Chambre bleu horizon ». Pierre Taittinger, député de la circonscription de Saintes, demanda une punition exemplaire pour les grévistes qui avaient refusé d'embaucher à la date décidée par la direction. Ce fut la révocation et la fermeture pure et simple des ateliers de Saintes. Les deux mille cheminots qui avaient tenu jusqu'au bout se retrouvèrent sur le pavé.

Par contre, les agents qui avaient refusé de faire grève furent choyés par la direction. L'un d'entre eux, qui était par ailleurs dirigeant du rugby, subit la vengeance des grévistes. Un soir, ils l'attendirent à la sortie de son travail pour lui sauter dessus. Ils le déshabillèrent, le peignirent en jaune, et emportèrent tous ses vêtements. Je me rappelle encore ce malheureux qui courait comme un fou dans les rues, peint couleur de cocu.

Les ateliers ne restèrent pas fermés longtemps. Au cours de l'été, l'État les loua à une société privée, la CIMT [1], qui en confia l'exploitation à la maison Carde, de Bordeaux. Les cheminots révoqués furent embauchés, mais au titre de l'industrie privée, c'est-à-dire qu'ils perdaient les quinze jours de congé, la retraite, les facilités de circulation et tous les autres avantages. Mais le plus important pour moi, c'était l'école d'apprentissage qui formait les jeunes ouvriers pour le Réseau de l'État, et que la CIMT ne voulait pas financer car elle n'avait qu'un bail de quinze ans. Heureusement, le Réseau prit l'école en charge et décida qu'elle rouvrirait ses portes le 1er octobre 1920.

Au mois de septembre, je me fis inscrire sur la liste des candidats, pour apprendre un métier et, bien sûr, pour devenir cheminot. Il fallait avoir son certificat d'études et passer un examen d'admission. La première condition étant remplie, je me présentai à l'examen. Il n'y avait que cinquante places pour deux cents inscrits, mais j'eus la chance d'être reçu seizième, ce qui somme toute était honorable.

J'embauchai donc le 1er octobre. La journée était partagée entre cinq heures d'atelier et trois heures de cours, qui comprenaient de la technologie, du dessin, du français et du calcul. On nous enseignait même une matière qui a disparu de nos jours : la morale. La

1. Compagnie industrielle de matériel de transport.

première année, nous étions payés six francs par mois, la deuxième dix francs, et la troisième douze francs. Pour nous permettre de choisir une profession, on nous faisait passer quinze jours dans chacun des corps de métiers utilisés par le chemin de fer. Nous apprenions d'abord à limer et à buriner à l'ajustage, avant d'aller à la menuiserie, à la forge, à la chaudronnerie, et enfin à la sellerie. Lorsque nous avions fait le tour des ateliers, nous faisions notre choix, tout en tenant compte de l'avis des instructeurs. Ceux-ci me trouvèrent des aptitudes pour le métier de forgeron, mais je voulais être ajusteur. J'étais peut-être moins doué pour cette spécialité, mais malgré tout je tins bon. Aujourd'hui, je suis certain d'avoir eu raison, car sur les machines la formation d'ajusteur est beaucoup plus utile que celle de forgeron. Après avoir travaillé dix ans sur la machine à vapeur, je la connaissais à fond, et par la suite j'ai pu amener des trains à destination, en faisant moi-même des réparations de fortune.

Je dois aussi à cette école d'apprentissage d'avoir découvert le rugby. Le directeur, M. Longeville, originaire de Périgueux, était un ancien de la Marine; il imposait le sport aux élèves et avait un faible pour le ballon ovale. L'argent n'étant pas distribué facilement, il devait se débrouiller avec les moyens du bord. Il faisait confectionner des ballons par l'instructeur sellier, qui bourrait de crin des enveloppes de moleskine. Ils ne valaient pas les autres, bien sûr, mais ils étaient tout de même ovales, et nous ne faisions pas la fine bouche.

Jusque-là je ne connaissais rien au rugby ni à l'athlétisme : je ne pratiquais que le football. Comme je me faisais tirer l'oreille, mes camarades me tournaient en ridicule :

— Le football, c'est bon pour les manchots et pour les filles! Tu as peur de te faire mal?

Je m'entraînai donc à faire des passes, à attraper le ballon de volée, et en somme j'appris tous les rudiments de ce sport. Dès les premiers matches, il fut décidé que je jouerais trois-quarts, car je courais vite. Pour terrain, nous avions la cour de l'école, qui en fait de gazon était recouverte d'escarbilles tassées provenant des locomotives. Il est inutile de décrire l'état dans lequel nous terminions les matches! Malgré tout, nous ne nous faisions pas de cadeaux, et nous nous plaquions sans pitié. Le vernis des genoux et des coudes avait vite fait de partir. En nous voyant couverts de sang, M. Longeville nous disait :

— Ce n'est rien, c'est le métier qui rentre. Vous en verrez d'autres!

Sa passion était si communicative que le rugby occupa bientôt tous mes loisirs, et je gravis les échelons, jusqu'à devenir trois-quarts aile titulaire du Stade saintais. Celui-ci disputait alors le championnat de première série, et je pus ainsi rencontrer l'élite du rugby français au cours de ma jeunesse. Ce fut aussi l'occasion de me faire de nombreux amis, dont certains par la suite sont devenus des célébrités, et même parfois des ministres. Aujourd'hui, mon enthousiasme pour ce sport magnifique est aussi vif qu'il y a soixante ans.

Après mes trois années d'école, je passai avec succès l'examen de fin d'apprentissage; je fus affecté comme élève-ouvrier aux ateliers, tout d'abord au montage, puis à l'équipe des bielles.

Tous mes loisirs étaient consacrés au sport; lorsque la saison de rugby prenait fin, c'était l'athlétisme qui le remplaçait pour toute la durée de l'été : 100 mètres, 200 mètres, relais quatre fois 100 mètres. Au cours des entraînements et des compétitions de course à pied, je fis la connaissance d'un typographe un peu plus âgé que moi, qui avait trois sœurs. À la fin du mois d'août 1925, en rentrant d'un meeting d'athlétisme, je me rendis au parc de la Marine pour assister à la fête champêtre du quartier Saint-Vivien. Je venais à peine d'arriver quand une belle jeune fille brune, grande et élégante, se dirigea vers moi :

— C'est vous Marcel Péroche?

— Oui...

— Mon frère me parle souvent de vous. Vous pratiquez l'athlétisme avec lui. Vous êtes aussi joueur de rugby, n'est-ce pas?

— Oui, c'est exact.

— Venez avec nous, nous allons danser le *Quadrille des lanciers.*

— Sûrement pas, j'ai horreur de la danse!

Elle parut surprise. Il faut dire qu'à l'époque je n'allais jamais au bal, d'abord parce que je remettais intégralement ma paye à ma grand-mère, et qu'elle était fort peu généreuse, ensuite parce que notre entraîneur exigeait que nous soyions au lit de bonne heure la veille des matches, c'est-à-dire le samedi soir. Cependant, la belle Antoinette ne rejoignait pas ses amis pour le *Quadrille des lanciers.*

— Je ne vous retiens pas, lui dis-je.

— Vous savez, moi non plus je ne suis pas une enragée de la danse.

Et elle resta avec moi toute la soirée.

Elle aussi connaissait une situation financière difficile. Son père était mort deux ou trois ans plus tôt, de sorte que sa mère devait aller en journées pour compléter le salaire que son frère rapportait de l'imprimerie. Elle était jeune ouvrière couturière chez les demoiselles Bouyer, trois vieilles filles qui l'avaient gardée après l'apprentissage.

La ville de Saintes était alors traversée par un petit train à voies étroites, tracté par une locomotive à vapeur. Le matin, sur le chemin des ateliers, je saluais Antoinette du wagon à plate-forme en agitant le bras; elle me rendait mon bonjour, tout en se cachant des vieilles filles qui en auraient fait un drame.

Au début, elle n'était qu'une bonne camarade, mais au fil des semaines nos rencontres devinrent plus fréquentes. Lorsque la saison de rugby reprit, je dus, pour pouvoir lui prendre une carte de membre honoraire, pleurer un peu d'argent à ma vieille grand-mère. Le président de l'époque, un grand chirurgien, nous avait fait cadeau de superbes sweaters en laine des Pyrénées, blancs à parements bleus, qui coûtaient une petite fortune.

— Les joueurs ne connaîtront plus les chaud et froid en sortant des vestiaires, avait-il dit.

Nous entrions sur le terrain du parc des sports en effectuant des passes, puis nous enlevions nos beaux sweaters devant la grande tribune, juste avant le coup d'envoi. Toutes les jolies filles de la ville se disputaient pour les garder jalousement sur leurs genoux; évidemment, c'était à Antoinette que je confiais le mien. Nous nous retrouvions à la sortie et, en retournant plusieurs fois nos poches, nous finissions par réunir de quoi aller au cinématographe.

Cela dura jusqu'en mai 1927, date à laquelle je partis faire mon service militaire au 3e groupe d'artillerie de Constantine, en Algérie. On me nomma ouvrier en fer au casernement, et pendant dix-huit mois je menai une existence sans histoires. Antoinette m'écrivait régulièrement une ou deux fois par semaine, et tous les mois elle m'envoyait un colis. Seul le sport rompait la monotonie de la vie de soldat : l'athlétisme, plus particulièrement le 200 mètres, et surtout le rugby. Je rencontrai à plusieurs reprises les équipes de Bône, Alger et Bizerte, et lorqu'un match fut organisé contre la Royal Navy, je fus sélectionné. Les marins anglais étaient emmenés par le demi de mêlée titulaire de l'équipe de la Rose!

Quand je me représentai aux ateliers, au mois d'octobre 1928, bien des choses avaient changé. Les Aciéries du Nord avaient pris la place de la maison Carde, toujours dans le cadre CIMT. La nouvelle direction, très dynamique, était formée de jeunes ingénieurs frais émoulus de Centrale, des Arts et Métiers, et d'autres grandes écoles. Ils étaient ambitieux et capables, mais ils cherchaient avant tout le rendement, au détriment de la qualité du travail. Ils voulaient à tout prix réduire le personnel. Ainsi, à l'équipe des bielles, où nous étions sept ou huit compagnons avant mon départ, quatre ouvriers assuraient le même travail. Beaucoup de cheminots étaient débauchés, surtout parmi les célibataires, et les changements de poste étaient fréquents.

Le moins qu'on puisse dire, c'est que je n'avais pas choisi le bon moment pour me présenter à mon ancien service.

— Monsieur Péroche, me répondit-on très poliment, la maison est en pleine réorganisation. Pour le moment, il est impossible de vous reprendre.

Il y avait déjà beaucoup de chômage à cette époque, et pour trouver un emploi, j'hésitai un instant à m'expatrier à Clermont-Ferrand. L'un de mes frères travaillait chez Michelin, et j'avais passé quelques jours dans la cité pneumatique. Le Stade clermontois m'avait fait une proposition, car il avait besoin d'un trois-quarts aile, et en tant que joueur de rugby, j'aurais pu entrer facilement chez Michelin. Mais les dirigeants du Stade saintais tenaient à me garder. Le président de l'époque, qui était le patron d'une usine à bois située à Bellevue, m'embaucha en attendant des jours meilleurs.

Pendant un mois environ, je travaillai sur une machine qui confectionnait des rayons de brouette et des roues de voiture. J'étais commandé par un contremaître qui ne rigolait pas tous les jours, car il était intéressé au rendement. Je m'amusais à l'observer quand mon président venait me trouver pour parler rugby. Il était tellement passionné que le lundi, il restait quelquefois une heure à discuter du match de la veille. Je voyais alors mon chef qui fronçait les sourcils, car le travail l'intéressait beaucoup plus que le rugby. Il attendait que le président soit parti pour me faire des reproches, mais j'avais le plaisir de lui répondre :

— C'est au patron qu'il faut le dire. C'est lui qui me débauche.

Un jour, au début du mois de novembre, mes parents reçurent la visite d'un de mes camarades de l'équipe des bielles, un Périgourdin bon teint qui faisait office de chef d'équipe, et qui avait la confiance des patrons. Il leur dit qu'il voulait me voir d'urgence, pour me présenter à la CIMT et me faire réintégrer aux bielles. En rentrant de l'usine à bois, je me précipitai chez lui : j'allais pouvoir enfin devenir cheminot!

Cependant, tout n'était pas rose, car le rendement à outrance exigeait des rythmes très durs. On m'imposait de travailler le dimanche de quatre heures à douze heures, afin de donner un jeu de bielles au montage dès le lundi. Évidemment, la journée était payée, mais pas majorée comme aujourd'hui. Ce qui m'ennuyait le plus, c'était de rater le match du dimanche après-midi, mais puisqu'on ne me laissait pas le choix, j'étais bien obligé d'accepter.

Finalement, je réussis à me débrouiller pour continuer

à jouer. Quand j'allais en déplacement, je trouvais un camarade pour me remplacer. Quand je jouais à Saintes, j'embauchais à quatre heures du matin après avoir marché trois kilomètres, je mangeais vers dix heures, et je débauchais à douze heures. En arrivant chez moi, je mangeais légèrement, et surtout je prenais un café à réveiller un mort. Il ne me restait plus alors qu'à me changer pour me rendre au terrain, et tout cela ne m'empêchait pas de courir. Aujourd'hui, les joueurs sont bien reposés, et il faut encore les emmener en voiture. Il faudra peut-être bientôt jouer à leur place pour qu'ils ne se fatiguent pas!

Pendant tout l'hiver, je partageai mon temps entre les bielles et les ballons. Mais au printemps 1929, une « bombe » éclata dans le ciel ferroviaire saintais.

Effectivement, le Réseau de l'État, le plus important de France, n'était pas à l'abri de la critique. Le gouvernement de l'époque se rendait compte qu'il était nécessaire de le réorganiser, et que les problèmes nés de la grève de 1920 et des révocations massives n'étaient pas encore réglés. Pour remettre de l'ordre dans cette énorme entreprise nationalisée, il fallait trouver un chef capable d'exercer une autorité mais aussi de manifester une grande compréhension des problèmes humains. Les gens qui possèdent ces qualités ne courent pas les rues, mais le gouvernement réussit pourtant à découvrir l'homme de la situation.

Raoul Dautry, sorti major de Polytechnique, ancien ingénieur sur le Réseau du Nord, fut nommé directeur général en 1929. Il allait devenir ministre de l'Armement au début de la Seconde Guerre mondiale, puis ministre de la Reconstruction et de l'Urbanisme à la Libération. Il est mort en 1951, mais les cheminots ont gardé de lui un souvenir impérissable, surtout parmi les petites échelles. Pendant les années où il fut à la tête du Réseau de l'État, de très nombreuses anecdotes circulèrent sur son compte. Ses moindres faits et gestes étaient aussitôt connus de l'ensemble du Réseau grâce au bouche à oreille, et je crois bien que le cheminot de ma génération qui n'a jamais vu Raoul Dautry en personne n'existe pas.

Il se considérait en service vingt-quatre heures sur vingt-quatre, et ne laissait aucun détail lui échapper. Il fouinait partout, surgissait à l'improviste et réglait jusqu'aux plus petites choses, mais il exigeait le même dévouement de ses subordonnés. Sa formule favorite était : « Je veux que la punition d'un agent soit au prorata de son grade. » La faute d'un lampiste ou d'un homme d'équipe devait être sanctionnée, mais la justice voulait qu'un gradé soit puni plus sévèrement, selon l'importance de ses responsabilités.

En 1930, il se rendit à Saint-Mariens par le train, suivi de tout son état-major parisien, et des chefs de l'arrondissement de Saintes. Il commença sa tournée par une inspection minutieuse du dépôt de locomotives, mais dans l'ensemble il ne trouva rien à redire. La gare de Saint-Mariens, elle aussi, était impeccable; les signaux étaient comme neufs, et l'on voyait de la peinture fraîche sur les portes, les fenêtres, et même entre les rails, sur les chevrons. Il fut tellement impressionné qu'il demanda aux responsables si la gare était toujours dans cet état de propreté. Évidemment, la réponse fut affirmative. Le directeur restait cependant sceptique. En sortant de la gare pour monter dans la voiture qui devait le conduire à Blaye, il passa près d'une place où des enfants jouaient au football. Par le plus grand des hasards, le ballon lui roula dans les pieds, et l'un des gosses se précipita pour le ramasser en s'excusant.

— Dis-moi, lui demanda alors Dautry, la gare est-elle toujours aussi propre qu'aujourd'hui?

— Pensez-vous! Ils attendent le directeur. Il y a huit jours qu'ils y travaillent.

— Voyez, Messieurs, dit Raoul Dautry en se tournant vers son état-major, la vérité sort toujours de la bouche des enfants!

Arrivé à Blaye, il inspecta la gare de marchandises, les installations portuaires, puis la gare de voyageurs. Selon son habitude, il voulut voir le corps de garde qui accueillait les équipes de traction et les agents de train, pour constater l'état de la vaisselle et de la literie. Il sortit des placards des bols ébréchés, des assiettes fêlées, des casseroles pratiquement inutilisables, et tout un matériel vieux comme Hérode. Pris d'une violente colère, il s'adressa au chef de gare responsable :

— Est-ce que chez vous vous mangez dans une pareille vaisselle?

— Bien sûr que non, Monsieur le Directeur, répondit l'accusé en baissant la tête.

— Mes agents ne sont pas des chiens! Ils assurent de longues journées, ils travaillent dur, et ils ont le droit de manger dans de la vaisselle en bon état, comme tout le monde!

Il était si furieux qu'il fracassa les assiettes et les bols sur le sol.

— Ce soir, je tiens à ce que ce matériel soit remplacé par du neuf! Débrouillez-vous!

— Oui, Monsieur le Directeur, répondit l'autre tout penaud.

Pour Raoul Dautry, le bien-être de ses agents était sacré, et il n'admettait pas la moindre négligence. Il ne voulait pas non plus entendre parler de favoritisme, ni de mépris des employés de bureau pour les catégories les plus humbles.

Les agents du grand dépôt de locomotives de Montrouge-Châtillon habitaient souvent très loin en banlieue parisienne, aussi avaient-ils demandé l'agrandissement de l'ancien corps de garde, ou la construction d'un nouveau bâtiment. Le directeur avait naturellement accédé à leur désir légitime. Fin 1930, il arriva un jour au dépôt de Montrouge, accompagné de sa secrétaire. Il était douze heures trente, et les agents étaient donc tous débauchés. Il en profita pour visiter le dépôt, le bureau de la feuille, l'atelier de réparations et le corps de garde, puis l'idée lui vint d'entrer dans le bureau d'ordres. Il eut alors la surprise de tomber sur quatre ou cinq employés qui, gardant leurs vieilles habitudes, refusaient d'aller manger au corps de garde.

— Qu'est-ce que vous faites là? leur demanda Dautry sur un ton courroucé.

— Eh bien, on mange, Monsieur le Directeur.

— Foutez-moi le camp de ce bureau! Comment, vous m'avez demandé la construction d'un corps de garde, et vous n'y allez pas! C'est un comble! Messieurs les ronds de cuir, les culs de plomb, ne veulent pas se mélanger aux ouvriers! Je ne veux plus vous voir ici! Tout le monde au corps de garde, sans exception!

Sur ce, ils attrapèrent leurs gamelles et s'enfuirent sans demander leur reste.

Pour mettre un frein aux abus, il n'hésitait pas à prendre des initiatives personnelles. Un jour de novembre 1930, il prit tout seul un train omnibus, comme un simple voyageur, et descendit dans une petite gare de Normandie. Sur le quai d'arrivée, un seul agent était présent.

— Vous êtes le chef de gare? lui demanda Dautry.

— Non, je suis le sous-chef.

— Pouvez-vous me dire où est le chef?

— Je ne sais pas.

— Est-il de service?

— Oui, mais en quoi est-ce que cela vous regarde?

— Raoul Dautry, directeur général du Réseau de l'État.

En voyant sa carte, le sous-chef devint pâle comme un linge.

— Je vais le chercher, monsieur.

Le directeur le suivit des yeux lorsqu'il sortit de la gare pour traverser la route, et pour entrer dans le café où le chef de gare faisait sa partie de cartes. Il est probable que Dautry était venu avec l'idée bien arrêtée de prendre cet agent sur le fait. De plus, il était violemment opposé à l'alcoolisme, et il voulait débarrasser ses subordonnés de ce fléau. Il fit entrer le coupable dans le bureau pour lui passer un savon.

— Vous étiez au bistrot pendant votre service. C'est une faute très grave, qui mérite une punition exemplaire. Vous aurez le blâme du directeur, dernier avertissement, et retenue des dix douzièmes sur vos primes de fin d'année.

Il lui demanda ensuite combien il avait d'enfants, et lui fit une leçon de morale.

— Vous pourriez au moins penser à eux. J'espère que cela vous servira de leçon.

Tous les samedis avait lieu ce qu'on appelait le conclave, c'est-à-dire la réunion chez le directeur général des responsables des différents services. Le samedi qui suivit la visite de la gare normande, Dautry raconta l'histoire à un auditoire très attentif.

— J'ai voulu faire un exemple, conclut-il.

Les chefs de la voie, de la traction, de l'exploitation, du service social, hochèrent la tête en signe d'approbation. Ils furent très surpris lorsque Dautry reprit sur un ton pensif :

— Pourtant, messieurs, je n'ai pas la conscience tranquille. Depuis cet incident, mes nuits sont hantées. La retenue des dix douzièmes va peser lourd dans le budget modeste de ce chef de gare. Je crains que ce ne soient ses gosses qui en fassent les frais. Il est probable qu'ils n'auront rien dans leurs souliers de Noël, contrairement à tous les enfants de mes agents. Qu'en dites-vous, messieurs?

Ces hommes graves répondirent qu'il fallait faire un exemple, et qu'après tout c'était la faute du chef de gare. Après avoir réfléchi un bon moment en silence, Dautry leur fit connaître sa décision :

— Non, ce n'est pas possible, nous ne pouvons pas punir ces innocents. Le chef de gare aura sa retenue des dix douzièmes, mais vous, monsieur le chef de service des activités sociales, vous disposerez d'un secours. Cette somme servira uniquement à acheter des jouets pour ses enfants. Vous y veillerez personnellement.

Tous les chefs de service approuvèrent l'homme de cœur qui venait de leur donner une leçon. C'était cela, Raoul Dautry!

Revenons à présent au début de l'année 1929, au moment où Dautry prit ses fonctions de directeur général. Il s'attaqua aussitôt à la question des ateliers de Saintes, et s'aperçut bien vite que le travail effectué n'était pas toujours conforme à la qualité requise. Je ne dirai pas qu'il était saboté, mais bien des choses laissaient à désirer à cause de la recherche du rendement maximum. Dautry en profita pour obtenir le soutien du gouvernement, qui l'autorisa à résilier le bail de quinze ans pour le ramener à dix; la CIMT perdrait donc ses droits quelques mois plus tard.

Cette décision posait de gros problèmes pour les deux mille ouvriers et employés qui travaillaient aux ateliers.

Les trois quarts étaient d'anciens cheminots du PO[2] révoqués en 1920, et pour beaucoup originaires de Périgueux. En 1924, le gouvernement du « cartel des Gauches » avait réintégré les agents du Réseau de l'État, mais il n'avait rien pu faire pour ceux du PO, réseau privé. Aussi durent-ils accepter de suivre la CIMT dans son déménagement. L'atelier des voitures partait à Mantes; celui des machines devait se partager entre Marseille, Givors et d'autres villes.

En revanche, les Saintais faisaient grise mine à l'idée de quitter leurs attaches familiales et leurs logements. Pour étudier cette question délicate, Dautry décida de recevoir une délégation de toutes les catégories de personnels, au début du mois d'avril. Étant désigné par la direction pour représenter les anciens apprentis, je me rendis un matin vers dix heures au bureau des ateliers. J'attendis un moment dehors en compagnie des autres délégués, puis les suivis lorsqu'on nous invita à entrer. Le directeur général du Réseau de l'État se tenait devant nous.

Il était brun, pas très grand, et portait une petite moustache, mais ce qui frappait le plus chez lui, c'étaient ses yeux vifs et intelligents. Il prit la parole et expliqua pendant trois quarts d'heure pourquoi il demandait le retour des ateliers au Réseau de l'État. Sa voix était si claire et ses arguments si convaincants qu'il aurait pu être aussi bon avocat que directeur de chemin de fer. Il nous mit tout de suite à l'aise en nous demandant d'exprimer nos revendications, et en s'engageant à y répondre.

Il fut décidé que les anciens du PO suivraient la CIMT comme prévu, mais il promit de faire tout son

2. Compagnie du Paris-Orléans-Midi.

possible pour que les Saintais gardent leur place aux ateliers, et d'étudier minutieusement les cas particuliers. Quand arriva mon tour, il me demanda quelle catégorie je représentais.

— Les anciens apprentis CIMT, formés après la grève de 1920.

— Pour moi, il n'y a aucune différence entre ceux d'avant 1920 et ceux d'après. Pour les uns comme pour les autres, c'est le chemin de fer qui a financé votre instruction à l'école, dans le but de former ses ouvriers pour l'avenir. As-tu fait ta demande pour entrer au Réseau?

— Oui, Monsieur le Directeur, c'est déjà fait.

— Tu en feras une nouvelle, que tu m'adresseras directement. Je vais avoir besoin d'ouvriers à la fin de l'année. Vous autres anciens apprentis, vous aurez priorité.

C'est donc plein de confiance en l'avenir que je repris le travail. Cependant, l'activité diminuait chaque jour car le Réseau de l'État, sachant qu'il allait récupérer ses ateliers, préférait reporter de quelques mois toutes les tâches qui pouvaient attendre et ne fournissait plus de commandes. En octobre, je fus déplacé de l'atelier des machines à celui des voitures, qui ne partait que six mois plus tard. Un jour, je fus appelé par le chef d'atelier, qui portait un œil de verre, et que tout le monde considérait comme l'œil de Moscou. Il me mit au pied du mur :

— Écoutez, vous nous suivez à Mantes et vous gardez votre place, ou bien alors vous serez débauché.

Évidemment, je promis de suivre la CIMT, avec le secret espoir de ne jamais y aller, puisque Raoul Dautry m'avait fait la promesse de me faire entrer au Réseau de l'État. Mais allait-il tenir parole?

Ma situation était donc bien précaire, et l'avenir très incertain. Ce fut pourtant le moment que je choisis pour me marier! Depuis mon retour d'Algérie, je continuais à fréquenter Antoinette, mais sans faire de projets, car je ne me sentais pas encore de taille à fonder un foyer. De son côté, elle y pensait de plus en plus sérieusement.

Au mois de juillet 1929, je fus invité aux noces de sa sœur cadette, Madeleine.

— Tu vois comme ils sont heureux, me dit Antoinette.

La décision fut prise : le 14 septembre de la même année, nous unissions nos destinées. On dit souvent que le mariage est une loterie; moi, j'ai gagné sur tous les tableaux.

À la fin du mois de novembre, je me brûlai assez gravement une main en forgeant, et pour comble de malchance la plaie s'infecta. J'étais arrêté « à l'assurance », selon l'expression de l'époque, lorsqu'un matin de décembre, je reçus une lettre portant l'en-tête « Réseau des chemins de fer de l'État, rue de Rome, Paris ». J'étais convié à me présenter à l'arrondissement de Saintes, pour passer un examen d'entrée et une visite médicale, puis, si les résultats étaient favorables, un essai d'aptitude professionnelle. J'allai aussitôt voir le vieux docteur qui me soignait, pour lui expliquer la situation :

— Je suis bien ennuyé avec ma main avariée, docteur. Comment est-ce que je vais m'en tirer?

— Si j'étais à leur place, je ne tiendrais pas compte de ta main, pourvu que le reste soit bon. Mais pourras-tu faire l'essai? Toute la question est là.

Finalement, je décidai de tenter ma chance; j'avais l'occasion d'entrer au chemin de fer, ce n'était donc pas le moment de s'attendrir. L'examen fut concluant, la visite aussi : il ne me restait plus qu'à me présenter à l'essai. Je ne fus pas inquiet lorsqu'on me demanda de confectionner une queue d'aronde, car j'en avais déjà ajustées au cours de mon apprentissage. Pendant que je travaillais dans l'atelier des machines, j'eus la surprise de voir passer mon chef. J'étais certain qu'il m'avait repéré, car son œil unique était perçant, mais il ne manifesta aucune réaction.

Quelque temps plus tard, ma main étant guérie, je rembauchai à l'atelier des voitures à sept heures du matin. À sept heures trente, le contremaître me dit que j'étais convoqué chez l'« œil de Moscou ». Je me présentai aussitôt devant lui.

— Péroche, me dit-il, vous nous suivez à Mantes comme convenu.

Il était inutile de mentir, puisqu'il m'avait vu le jour de l'essai, aussi lui avouai-je mes démarches pour entrer au Réseau de l'État. Il se mit dans une colère noire :

— Très bien, remettez votre outillage. Vous voyez dans ce mur l'endroit où les maçons n'ont pas mis de pierres? Je vous souhaite bonne chance au chemin de fer!

Je le remerciai, et pris la porte qu'il m'indiquait.

J'avais appris ma réussite à l'essai d'aptitude professionnelle, mais j'ignorais quand j'allais retrouver du travail. Mon licenciement était d'autant plus ennuyeux que nous venions de nous marier, et que le salaire d'Antoinette était bien maigre; mes parents nous hébergeaient, mais cette situation ne pouvait pas s'éterniser.

Heureusement, un dimanche vers six heures du matin, le facteur passa me remettre une enveloppe dont l'en-tête m'était familier [3]. Je l'ouvris en grande hâte et dépliai la lettre : « Monsieur Péroche, vous êtes nommé

3. Il y avait alors une distribution de courrier le dimanche.

ajusteur-monteur au dépôt de Montrouge-Châtillon, à partir du 1er février 1930. » Je m'attendais vraiment à tout, sauf à Paris. Ma femme était absolument ravie à l'idée de monter à la capitale, mais de mon côté, je pensais un peu au rugby.

Le jour même, après le match de championnat qui nous opposa à Rochefort, j'appris la nouvelle à mes dirigeants, qui furent très déçus de ma nomination. Le banquet annuel du club avait justement lieu ce soir-là au restaurant de la Couronne. Les deux invités d'honneur étaient Fernand Chapsal, sénateur-maire de Saintes et ancien ministre, et Maurice Palmade, député de la circonscription. À la fin du repas, ils me firent appeler pour me dire combien ils regrettaient mon départ, mais ils me promirent que d'ici un an, après mon commissionnement, je serais de retour à Saintes.

Il ne me restait que quelques jours pour profiter de la compagnie d'Antoinette, car il fallait que je trouve un logement avant qu'elle puisse me rejoindre à Paris. Enfin, un soir, je pris pour la première fois de ma vie le chemin de la Ville Lumière.

Une année à Paris

Dès mon arrivée, je me présentai à Montrouge en compagnie d'un camarade de Saintes, qui était nommé en même temps que moi. Nous fîmes ainsi connaissance avec l'un des dépôts les plus célèbres et les plus modernes de France. Sous la rotonde, les Pacifics sous pression attendaient l'heure du départ comme des chevaux à l'écurie. De jour comme de nuit, ces monstres d'acier sillonnaient les lignes du Réseau de l'État.

On nous donna la journée pour nous loger. Il fut assez facile de trouver une pension à proximité du dépôt, route de Châtillon, près du cimetière de Bagneux. Par une coïncidence étonnante, les Charentais qui tenaient ce petit restaurant étaient originaires de Saint-Dizant-du-Gua, commune dont mon père était natif.

Lorsque nous embauchâmes le lendemain à sept heures, on nous affecta à deux équipes de levage différentes. Je m'adaptai très rapidement, car j'avais déjà l'expérience des ateliers de Saintes. Le travail me plaisait, l'outillage était moderne, et surtout l'ambiance était excellente, avec beaucoup plus de camaraderie qu'en province. J'étais très impatient de trouver un logement définitif, afin de faire venir ma femme. Après des recherches difficiles, je trouvai une chambre meublée d'un lit, d'une table et de quatre chaises, et équipée de l'électricité. Un petit fourneau servait à la fois de chauffage et de cuisinière, et nous pouvions en outre profiter du petit jardin qui se trouvait devant. Le loyer était de 250 francs, et je n'en gagnais que 1 050; malgré tout je pris ma décision, et je partis chercher Antoinette à Saintes.

Elle aussi découvrait Paris. Nous ne connaissions personne, nous étions complètement perdus dans cette grande ville, mais le moral n'était pas mauvais. J'étais payé à la quinzaine avant d'être commissionné, si bien que nous ne mangions de viande et ne buvions de vin qu'en début de paye. Lorsque nous n'avions plus d'argent, nous nous aimions encore plus. Les moments difficiles faisaient davantage apprécier les bons, et le temps passait.

Un jour, le directeur général du Réseau vint faire une visite au dépôt de Montrouge. J'étais à mon poste, en train d'ajuster les coussinets de boîtes de roue d'une Pacific, quand il passa dans l'allée centrale de l'atelier de levage, en compagnie du chef de dépôt principal et du contremaître. Soudain, il quitta ses deux interlocuteurs pour se diriger vers moi.

— Il me semble que je te connais, toi? Mais oui, l'ancien apprenti de Saintes!

J'étais stupéfait qu'il se souvienne de moi. Il me demanda depuis quand j'étais là, si je me plaisais, quelles étaient mes ambitions dans la profession.

— L'avenir est devant toi. Travaille, tu seras soutenu. Tu as deux solutions. Tu peux d'abord devenir chef d'équipe, voire contremaître. Il y a des écoles de maistrance. Ou bien alors tu peux choisir la conduite des trains, car je tiens à avoir des professionnels sur les machines.

— Eh bien, je pencherais plutôt pour la deuxième solution.

— C'est très bien, me dit-il en souriant.

Il me donna une petite tape sur l'épaule et alla retrouver ses subordonnés. Dès qu'il furent sortis, les camarades de l'équipe m'entourèrent :

— Tu connais Raoul Dautry? Mais comment ça se fait?

Pour satisfaire leur curiosité, je dus leur raconter mon entrevue à Saintes en tant que délégué des anciens apprentis.

Entre-temps, ma femme avait réussi à trouver un emploi chez une cousine du côté de mon père, qui tenait avec son mari auvergnat un petit atelier de confection de culottes d'hommes. Antoinette n'avait jamais travaillé dans cette spécialité, mais comme elle était très adroite, ils l'embauchèrent provisoirement. Elle devait faire trois kilomètres à pied quatre fois par jour pour se rendre à Malakoff, qui n'était pas desservi par le métro. Comme tout bon Auvergnat qui se respecte, le patron n'était pas large, mais il ne fallait pas faire la fine bouche : le peu qu'elle gagnait nous rendait un peu plus heureux.

Elle trouva ensuite à faire des journées de couture rue de Rivoli, grâce à un oncle de La Rochelle qui y avait des amis. Elle était mieux payée et nourrie à midi, et surtout les trajets étaient moins fatigants, parce qu'elle pouvait prendre le métro ou le train. Notre situation s'améliorant, nous allions quelquefois au cinématographe, et certains dimanches, nous pouvions même nous offrir le restaurant. Pour six francs, nous mangions aux Mille Colonnes, rue de la Gaîté, à Montparnasse.

Au mois de juin 1930, cinq mois après avoir été embauché, ma vie prit un nouveau tournant. Je revenais de Saintes, où j'étais allé rendre visite à mes parents, et je me trouvais dans une fosse avec trois camarades de l'équipe de levage. Nous étions occupés à monter des ressorts de roue sur une Pacific, quand le contremaître principal s'approcha de nous. C'était un grand bel homme, présentant bien, et coiffé d'un chapeau noir. À l'époque, tous les gradés en portaient un pour se distinguer des exécutants, et pour asseoir leur autorité.

— Qui veut monter sur les machines? demanda-t-il. Il y a plus de cent trains supplémentaires prévus pour la fin du mois, et le service de la feuille demande du renfort.

Comme personne n'osait répondre, il nous désigna d'office tous les trois. Il en avait parfaitement le droit puisqu'en entrant au chemin de fer, les ouvriers comme les manœuvres s'engageaient par écrit à monter sur les machines si le besoin s'en faisait sentir.

Malgré une certaine appréhension à l'idée de me retrouver sur une locomotive sous pression, j'étais content d'en avoir reçu l'ordre. Je rendis mon outillage et allai me présenter au service de la feuille. J'y trouvai un sous-chef de dépôt très grave, vêtu d'une blouse noire et évidemment coiffé d'un chapeau.

— Nom? Adresse? On vous commandera, rentrez chez vous.

— Je suis nouvellement embauché, monsieur. Vous savez, je n'ai encore jamais roulé.

— Vous vous débrouillerez comme les autres. À partir de demain, ne vous éloignez pas de chez vous.

Antoinette prit un air inquiet en me voyant rentrer à seize heures.

— Qu'est-ce qu'il t'est arrivé?

— Rien. Mais à partir de demain, je monte sur les machines.

Le soir même, nous eûmes la visite d'un camarade de Saintes qui avait été apprenti avec moi, mais qui avait laissé tomber le chemin de fer pour devenir représentant à Paris. Après dîner, il nous proposa d'aller applaudir Mistinguett dans une de ses célèbres revues au Casino de Paris.

Le lendemain, vers onze heures, arriva le réveilleur, dont la mission consiste à commander les agents de conduite. C'était encore un Saintais, que j'avais connu à l'école communale. Il me délivra un bulletin de commande, qui m'affectait de vingt heures à quatre heures sur les navettes Montrouge-Montparnasse. Celles-ci avaient lieu toutes les heures ou toutes les deux heures, et elles permettaient aux agents de gagner du temps en leur évitant d'attendre les trains de banlieue, car elles s'arrêtaient juste devant le dépôt, sur le plateau de Montrouge. Le jour, elles étaient destinées aux ouvriers, aux employés et aux agents de maîtrise; la nuit, elles transportaient surtout des agents de conduite et des surveillants de dépôts. Elles étaient composées de cinq wagons de voyageurs et d'une locomotive assez ancienne, en général une 0-3-0 [1], c'est-à-dire trois roues couplées, sans bogie ni roues porteuses.

Pour gagner la gare Montparnasse où je devais relever le chauffeur, on me conseilla d'emprunter la machine de Thouars, qui sortait du dépôt de Montrouge à dix-neuf

1. Le système de classification des locomotives est le suivant : le premier chiffre correspond aux essieux porteurs de l'avant, le second aux essieux des roues motrices, le troisième au bissel ou essieu porteur arrière. Pour obtenir le nombre de roues, il suffit donc de multiplier par deux. C'est ainsi qu'une Pacific 2-3-1 dispose d'un bogie (chariot à deux essieux sur lequel pivote le châssis), de six roues motrices et d'un bissel, soit un total de douze roues. Une Mikado 1-4-1 possède elle aussi douze roues, mais réparties différemment : deux porteuses à l'avant, huit motrices et deux porteuses à l'arrière.

heures quinze pour aller se mettre en tête d'un express à destination de Bordeaux. J'étais très impressionné car il ne s'agissait pas de n'importe quelle locomotive : c'était une Pacific à surchauffe des plus modernes. Je demandai au mécanicien l'autorisation de le rejoindre et lui expliquai mon cas. Ce gros homme très sympathique portait une casquette de toile bleue, avec la visière sur la nuque comme les coureurs du Tour de France, et bien sûr une paire de lunettes.

Il faisait déjà très chaud dehors, et près du foyer la température devait atteindre cinquante degrés; à cela s'ajoutait une odeur d'huile brûlée. Le tender équipé de rehausses contenait environ huit tonnes de combustible, sous la forme de briquettes cassées et de charbon de bonne qualité. Cinq ou six tonnes allaient être nécessaires pour parcourir les 330 kilomètres de Paris-Thouars.

Le signal de sortie du dépôt s'ouvrit, et la puissante machine démarra tout doucement, comme si elle avait eu de la peine à se traîner. Pourtant, quelques heures plus tard, elle roulerait avec son train de 500 tonnes à 120 kilomètres à l'heure. La locomotive s'engagea sur les voies principales et dépassa bientôt Ouest-Ceinture. Des trains de banlieue passaient à droite et à gauche; c'était infernal. Le mécanicien, très décontracté, s'arrêtait calmement sur les signaux fermés, puis redémarrait dès leur ouverture. Comment diable pouvait-il s'y reconnaître? En voyant tous ces feux blancs [2], rouges, oranges et violets, je pensai que jamais je ne serais capable de faire un pareil métier.

Le chauffeur ouvrit alors la porte du foyer pour charger le feu. Une épaisse fumée en sortit, ainsi que des

2. Jusqu'en 1937, le feu blanc signifiait voie libre; il fut ensuite remplacé par le feu vert.

flammes énormes qui léchèrent la face arrière de la locomotive.

— Tu vois, me dit-il, il y a une tonne de combustible dans le foyer. Des briquettes et du charbon, qui sont en train de se transformer en braise.

Le mécanicien prit alors un chiffon pour essuyer les manomètres de pression, ceux des boîtes à vapeur et des réservoirs auxiliaires, ainsi que l'appareil Flaman [3]. À bord, tout reluisait de propreté.

— C'est le plus beau des métiers, petit, me dit le gros homme, mais il faut l'aimer. Sois sérieux, apprend tes règlements, et toi aussi tu feras un mécanicien. Tu conduiras des rapides, et tu gagneras beaucoup d'argent.

Je hochai la tête, mais en moi-même je pensai qu'il coulerait beaucoup d'eau sous les ponts de la Seine avant que cela n'arrive.

À la gare Montparnasse, la machine s'approcha du train qu'elle devait remorquer. Je pris congé de l'équipe de Thouars pendant que s'effectuait l'attelage. Le mécanicien retint ma main quelques secondes et me dit :

— Je te souhaite bonne chance.

Je le remerciai, sans soupçonner que six ans plus tard il serait mon chef-mécanicien à Thouars.

Je devais à présent retrouver la fameuse navette, qui était noyée au milieu des trains réguliers et supplémentaires. Je la cherchai un bon moment, mais en vain, parmi les milliers de voyageurs se hâtant dans toutes les directions. Je dus me résoudre à interpeller un sous-chef de gare à casquette blanche, qui expédiait les trains.

— Je n'en sais rien, me répondit-il. J'ai d'autres chats à fouetter que de m'occuper de votre navette!

Je finis par la découvrir parmi les rames de banlieue.

---

3. Indicateur-enregistreur de vitesse portant le nom de son inventeur.

Le mécanicien était parti, mais le chauffeur était resté pour attendre la relève. Comme il me parut sympathique, je lui expliquai ma situation.

— Je ne connais rien du métier, lui dis-je.

— Malheureusement, ce n'est pas le mécanicien que tu va avoir qui va t'apprendre grand-chose. Il devrait déjà être en retraite. Il a mauvais esprit, il est mal vu de tout le monde, des collègues comme des patrons.

Mon moral était au creux de la vague.

— Monte sur la machine, reprit le chauffeur. Je vais te donner quelques conseils. D'abord, avant toute chose, tu dois apprendre à faire fonctionner les injecteurs pour alimenter en eau la chaudière.

Je les connaissais bien pour les avoir réparés à l'atelier de robinetterie, et j'appris rapidement à les faire fonctionner.

— Bien. Maintenant, je vais te montrer comment mettre au feu. Il ne faut pas charger n'importe comment dans le foyer. Le charbon doit être mis en égayant. Tu ne dois pas bourrer, mais au contraire semer, en chargeant surtout les flancs du foyer. La règle numéro un, c'est de construire son feu en « nid de poule ».

J'avais les bras raides, naturellement, et je dus m'y reprendre à plusieurs fois. Il m'indiqua ensuite où se trouvait la prise de vapeur du souffleur, qui était considéré comme un chauffeur auxiliaire, puis il prit congé de moi. À peine était-il parti que mon compagnon de misère arriva; je compris tout de suite ce que le chauffeur avait voulu me dire. Mon coéquipier semblait avoir soixante ans avec son menton mal rasé et sa moustache grisonnante; il était coiffé d'une vieille casquette bleu marine, et vêtu d'un pardessus verdâtre qui avait perdu ses boutons. Je me présentai, mais il ne se donna même pas le mal de me répondre.

— C'est la première fois que je monte sur les machines.

— J'en ai rien à foutre. Je suis pas là pour t'apprendre. Moi, j'attends la retraite.

Sur ces paroles engageantes, il ouvrit la prise de vapeur de la pompe à air, et m'ordonna de remonter la pendule de l'appareil Augereau, qu'en termes de roulants on appelait le « mouchard ». La pression de la machine était au timbre, c'est-à-dire à douze kilos au manomètre de pression, et le tube à niveau était aux trois quarts plein. Tout était donc en état de marche.

Le chef de service donna l'ordre du départ et, aussitôt sortis, nous empruntâmes les voies principales Paris-Chartres. La locomotive étant ancienne, elle avait largement assez de ses cinq wagons à remorquer. Il fallait à tout prix maintenir la pression si l'on ne voulait pas s'arrêter sur les voies principales, et gêner la circulation des trains de banlieue et des grandes lignes. Au bout de deux kilomètres, la pression avait déjà baissé d'un kilo, le feu n'était plus assez vif, et la machine se traînait, mais nous réussîmes tout de même à atteindre la bifurcation du plateau de Montrouge et à refouler la rame jusqu'à notre destination. Il ne restait que dix kilos de pression, et un centimètre d'eau dans le tube. Ce n'était pas brillant, mais la catastrophe avait été évitée.

Grâce au souffleur et à de vigoureux coups de crochet, l'aiguille du manomètre remonta au timbre, et je remplis la chaudière d'eau. Mon sinistre compagnon ne me fit ni reproches ni compliments.

Une demi-heure plus tard, nous repartîmes avec, cette fois-ci, la machine en tête de rame. Le profil de la ligne était plus coulant puisque, comme chacun sait, la capitale se trouve dans une cuvette; toutes les lignes de chemin de fer qui convergent vers Paris descendent légèrement pendant dix ou quinze kilomètres. La navette arriva donc en meilleur état qu'à l'aller. L'expérience aidant, je fis des progrès au trajet suivant : mon feu fut un peu plus clair, et j'utilisai davantage le crochet.

À Montrouge, nous avions une coupure de deux heures, durant laquelle nous restions en stationnement. Mon compagnon alla dormir dans la première voiture de la rame, tandis que je mangeai seul un bout de pain, assez désabusé et sans grand appétit. Ensuite, pendant que le vieux dormait comme un sonneur, je m'entraînai à charger la machine pour assouplir mes bras, et je rapprochai du charbon.

Vers deux heures trente, l'aiguilleur agita sa lanterne pour donner le signal du départ de la prochaine navette. J'allai aussitôt réveiller le mécanicien, qui me reçut avec des grognements. Je mis le souffleur, la pompe à air, et remontai la pendule. Avant de démarrer, mon compagnon allongea le bras derrière les prises de vapeur, et sortit une trotteuse [4] pleine de café. Il remplit son quart de soldat et me le tendit.

— Tiens, bois ça, ça te fera du bien.

Comme je refusais, il se mit en colère :

— Ici, sur la machine, c'est moi qui commande! Je te répète : bois ce café!

Pour ne pas faire d'histoires, j'avalai le liquide qui devait bien contenir un quart de rhum. Je reconnais qu'il me fit du bien, et surtout qu'il me tint en éveil.

À quatre heures, après deux autres navettes, une équipe vint nous relever. Mon triste compagnon me serra tout de même la main, et me dit :

— À ce soir.

Il était un tantinet remonté dans mon estime.

---

4. Récipient métallique qui contient environ trois quarts de litre.

Pendant huit jours, ce fut à peu près le même scénario, à cette différence que je gagnais en assurance, et que mon moral s'améliorait. Mon mécanicien était toujours aussi sinistre et taciturne, mais chaque nuit après la coupure, il m'offrait le traditionnel café au rhum.

Enfin mon jour de repos arriva, et comme je terminais à quatre heures du matin, je disposais pratiquement de quarante-huit heures de liberté. J'en profitai pour aller à Saintes voir mes parents. À mon retour, j'appris avec soulagement que je quittais les navettes Montrouge-Montparnasse, et que j'étais affecté aux manœuvres en gare de Clamart, à sept ou huit kilomètres de Paris. Le service durait de treize heures à vingt et une heures.

Je me présentai très en avance, et en attendant l'arrivée de mon nouveau compagnon, j'allai chercher les signaux à la lampisterie, pour les porter sur la machine spécialisée qui servait aux manœuvres. Je vis alors avancer un homme de haute stature, à la figure rouge. Il était chaussé de sabots de bois et ressemblait à un bon paysan normand. Il marchait très lentement et parlait de même, mais si l'ancien n'était pas causeur, celui-ci l'était pour deux. Il me mit tout de suite à l'aise :

— Ne t'inquiète pas, petit, je vais te faire voir et te conseiller.

Il m'apprit à basculer la machine, c'est-à-dire à baisser la grille pour évacuer les crasses, le machefer et les cendres, à vider le cendrier et à prendre de l'eau. Tout en me montrant le travail du chauffeur, il fit son graissage.

À quatorze heures, nous sortîmes du dépôt haut le pied [5] pour aller manœuvrer à Clamart. Avant de parvenir aux voies principales, la locomotive passa à moins de cinquante mètres de chez moi, et je fis bonjour à ma

5. C'est-à-dire machine seule.

femme qui guettait mon passage. Pour ne pas gêner les nombreux convois qui empruntaient ces voies, nous devions aller le plus vite possible. Grâce aux conseils de mon Normand de mécanicien, la machine resta bien au timbre. Le moral était au beau fixe, car j'apprenais à travailler. Quand il vit que tout allait bien, il commença à m'expliquer la signification des signaux, et je l'écoutai religieusement.

En gare de Clamart, nous étions attendus par les agents de manœuvres. Mon compagnon me présenta à tout ce beau monde, et aussitôt après, la séance commença. Il fallait débrancher des trains, en former d'autres, trier des wagons, réunir ceux qui étaient chargés pour les mettre à quai, à la disposition des clients. Bien sûr, je ne connaissais pas encore tous les signaux de manœuvre, mais les agents d'exploitation furent très patients et très encourageants. Le premier soir, en débauchant, j'avais compris.

Tous les jours vers dix-sept heures, nous garions la machine derrière un signal carré violet, et nous prenions une heure, quelquefois même une heure trente, pour le casse-croûte. Celui-ci avait lieu dans une espèce de caverne, à l'intérieur d'un énorme monceau de poteaux télégraphiques entassés par l'administration des PTT. L'espace était suffisant pour recevoir une table et des bancs. La première fois, j'avais apporté un peu de pain et de saucisson, et je m'apprêtais à commencer mon repas, quand le brigadier de manœuvres sortit d'un coin de derrière les fagots une bouteille de Dubonnet, suivie d'une autre de bordeaux rouge.

— Eh bien! m'exclamai-je. Je ne me serais jamais douté qu'il existait une cave aussi bien organisée dans ce genre de caverne!

Mais on me donna tout de suite l'explication :

— Les clients qui expédient ces délicieuses boissons font toujours cadeau d'une caisse aux employés du chemin de fer. Et comme nous avons de l'éducation et du savoir-vivre, nous les conservons ici plutôt que de les emporter chez nous. Ça nous remonte le moral au moment de la coupure.

La soirée se termina donc le mieux du monde. Au retour, j'actionnai longuement le sifflet en passant devant chez moi, afin que ma femme mette la soupe à chauffer. Elle me confirma par un large geste du bras qu'elle avait compris mon message. Au dépôt, mon compagnon me montra comment mettre le feu en réserve pour le lendemain.

La belle vie dura tout l'été, avec les manœuvres à Clamart, et le casse-croûte de dix-sept heures aux vins de châteaux. Antoinette continuait à faire ses journées de couture, et comme j'étais sur les machines, je gagnais deux ou trois cents francs de plus par mois. Le dimanche, nous allions visiter le château de Versailles, les Invalides, la tour Eiffel, ou bien nous nous rendions au stade de Colombes pour assister aux grands meetings d'athlétisme, et au retour nous allions dîner au restaurant.

De plus, j'avais la chance de passer mes journées avec un compagnon d'une grande bonté, qui était devenu un véritable ami.

— Dis à ta femme d'acheter un pot-au-feu, me dit-il un jour.

Comme il voyait que j'hésitais, il ajouta :

— Tu viendras chercher les légumes. J'ai un jardin. Tu emporteras un chou, des navets, des carottes, des poireaux, tout ce qu'il faut.

Ainsi, grâce à ce bon Normand, nous prîmes l'habitude de mettre le pot-au-feu toutes les semaines.

Mais tout a une fin. Le mois de septembre se terminait, et avec lui le service d'été. Le nombre des trains diminuait, et il fallait du monde pour réparer les locomotives qui avaient souffert pendant la belle saison. Comme tous les ouvriers, je descendis de ma machine pour reprendre ma place à l'atelier de levage. J'abandonnai la mort dans l'âme mon compagnon exquis, ainsi que les coups de fourchette aux vins fins. Désormais, j'allais devoir lever le jeton à sept heures, supporter les patrons sur mon dos, et surtout gagner moins d'argent. Mais je me fis une raison : après tout je n'étais qu'ouvrier, pas même titularisé, et l'avenir était devant moi.

À la même époque, j'eus le plaisir de reprendre le rugby. Un jour de septembre, je reçus une lettre du secrétaire de l'Association sportive des cheminots de Paris, m'invitant à participer à l'entraînement le dimanche suivant à neuf heures, sur le terrain de Saint-Germain-en-Laye. Il me demandait également d'amener ma femme, car nous étions ensuite conviés à un repas champêtre. Lorsque j'arrivai au terrain, le secrétaire m'accueillit chaleureusement :

— Nous avons appris votre présence en région parisienne. Venez, je vais vous présenter aux autres dirigeants et aux joueurs.

L'entraînement et le déjeuner se déroulèrent dans une ambiance extraordinaire, sous le signe de la camaraderie. Je me fis aussitôt des amis, dont un trois-quarts aile natif de Béziers, la capitale du rugby. Peut-être est-ce l'affinité du poste qui nous amena à sympathiser, puisqu'il jouait à droite et moi à gauche. Nos deux femmes devinrent elles aussi tellement bonnes camarades qu'elles se séparaient le moins possible.

Nos deux amis n'étaient pas encore mariés, mais la

naissance d'un enfant les incita à unir leurs destinées devant monsieur le Maire, et ils me demandèrent d'être témoin. Le nom de famille de l'épouse était De Mille, et elle affirmait que le célèbre producteur américain de cinématographe était son oncle. Sa mère avait été mariée en Amérique au frère du cinéaste, mais celui-ci était mort, ou bien alors ils avaient divorcé, et elle était revenue à Paris.

Lorsque les matches commencèrent, l'entraînement eut lieu le mercredi soir à vingt et une heures, sous le hall des marchandises grande vitesse de la gare Saint-Lazare. Le sol était très dur, mais nous avions l'avantage d'être bien éclairés. Après l'entraînement, les joueurs et les dirigeants allaient boire le verre de l'amitié à la salle anti-alcoolique, située rue d'Amsterdam, car Raoul Dautry ne voulait aucune réunion dans les auberges. Notre club, dans lequel un faible pourcentage de non-cheminots était toléré, participait au championnat de deuxième série de l'Ile-de-France, mais nous allions jouer tous les autres matches à l'extérieur, grâce à un permis collectif gratuit qui nous autorisait à réserver des compartiments de deuxième classe [6]. Durant la saison 1930-1931, je me souviens de m'être déplacé au Havre, à Thouars, à Verdun, à Saintes, à Rennes, à Clermont-Ferrand et à Toulouse. J'ai même disputé mon premier match à La Tremblade, ville située à quarante kilomètres de Saintes, mais dans laquelle je n'avais jamais joué, parce que c'étaient surtout les équipes inférieures qui rencontraient les ostréiculteurs. Il était vraiment paradoxal de devoir aller habiter Paris pour jouer contre des voisins.

Nous passions deux nuits dans le train, mais le lundi matin nous devions embaucher à sept heures, sans que le

6. Il existait alors trois classes.

travail en souffre. En me voyant arriver exténué, le chef d'équipe, qui n'était pas sportif, me donnait régulièrement les tâches les plus pénibles.

— Tiens, voilà le jouer de ballon! Eh bien, pour le dresser, on va lui faire monter des ressorts ou bien des éléments surchauffeurs. Ça lui fera du bien!

Il n'était pas question d'aller se plaindre au délégué du syndicat, car le travail passait alors avant les loisirs. Au fond, c'était la règle du jeu, et je trouvais cela normal.

Mais la fatigue n'était pas le seul inconvénient de ces déplacements. Le premier match de la saison qui, comme je l'ai déjà dit, était conclu à La Tremblade, me posa un grave cas de conscience. Depuis le jeudi, ma femme souffrait d'un mal de gorge. Lorsque la fièvre monta et qu'un abcès se déclara, je me dis qu'il était impossible de la laisser toute seule à Paris. D'un autre côté, comment ne pas être présent à la première rencontre disputée par mon nouveau club? Par-dessus le marché, les dirigeants habitaient à une dizaine de kilomètres de mon domicile, et il n'était pas facile de les prévenir.

— Pars, me disait Antoinette. Ne t'inquiète pas. Il faut que tu sois là pour le premier match.

La sécurité sociale n'existait pas encore, et on hésitait beaucoup avant de se décider à faire venir le médecin. Quand la propriétaire de notre chambre vint rendre visite à ma femme, je lui fis part de mes ennuis.

— Partez, monsieur Péroche, me dit cette Bretonne au cœur généreux. Soyez tranquille, je vais chercher des médicaments. Je la soignerai.

Je ne savais pas comment la remercier. Je quittai Antoinette les larmes aux yeux pour attraper le train de vingt-trois heures à la gare Montparnasse. Pendant tout le voyage, je n'eus pas la conscience très tranquille.

Le lundi matin, vers six heures, je me précipitai dans

la chambre en me demandant dans quel état j'allais la trouver. Je fus bien soulagé en voyant son sourire.

— Ça va mieux, me dit-elle.

Un dimanche de novembre, le match qui nous opposa aux Sang et Or parisiens tourna bien mal pour moi. Cette équipe était composée de Perpignanais, qui avaient la réputation d'être coriaces. En deuxième mi-temps, sur un placage sévère de l'arrière catalan, je me relevai avec une très vive douleur à l'épaule gauche, et je dus laisser mes camarades terminer à quatorze. Il n'y avait pas de docteur sur le terrain de Saint-Germain, si bien que je pris mon mal en patience. Le soir, j'allai dîner chez l'ailier bitterois, mais je rentrai de bonne heure parce que j'avais de plus en plus mal, et que ma fièvre montait.

Après une très mauvaise nuit, je me rendis chez le docteur du dépôt de Montrouge, qui m'envoya immédiatement au chirurgien de Saint-Lazare. La radio révéla une fracture de la clavicule, ce qui me valut trente jours d'arrêt. Mais comment aurais-je pu rester un mois sans être payé, puisque je n'étais pas encore commissionné? Par bonheur, les dirigeants du club firent le nécessaire pour que je sois mis en service atténué jusqu'à guérison complète. Ma blessure étant à l'épaule gauche, je pouvais écrire sans difficulté, et je fus affecté au bureau d'ordres.

Au bout de quelques jours, le chef de dépôt principal me dit :

— Viens à mon bureau, j'ai besoin de toi.

Il m'installa à une petite table, juste à côté de lui, et comme j'avais fait du dessin à l'école d'apprentissage, il me demanda de faire des croquis. Je devais également répondre au téléphone quand il s'absentait.

Cet homme de grande taille, dont la figure rougeâtre et débonnaire était surmontée d'un chapeau melon, fumait la pipe du matin au soir. Il aimait aussi le pernod, et se plaisait à dire en désignant son verre :

— C'est ce qui me tient, ça... Allons, ça ne peut pas nous faire mal.

Il me prit très vite en amitié et me confia ses projets d'avenir :

— J'étais chef de dépôt à La Rochelle avant de venir à Montrouge. Si tu savais comme je regrette cette belle région charentaise! Mais une chose est sûre : je prendrai ma retraite soit à Châtelaillon, soit à Royan.

Mais les jours passaient, et mon épaule guérissait. Un événement extraordinaire était prévu pour les fêtes de fin d'année, entre Noël et le jour de l'An : l'AS des cheminots de Paris avait conclu deux matches à Hanovre, en Allemagne. Notre équipe devait être renforcée par d'excellents joueurs cheminots de province, et surtout par André Debons, le capitaine du Stade bordelais. Je connaissais très bien cette vedette internationale, qui venait de représenter la France contre l'Australie, parce qu'il était natif de Saintes et qu'il avait joué au Stade saintais de 1920 à 1925. C'était lui qui m'avait dressé, et j'avais débuté à ses côtés en équipe fanion. Il avait quitté le chemin de fer pour travailler dans une imprimerie de Bordeaux, mais nos dirigeants avaient obtenu une dérogation.

Le docteur voulait me donner une prolongation, mais je décidai de reprendre mon travail à l'atelier, et surtout de jouer un match ou deux pour savoir si mon épaule tiendrait. Il s'avéra que la fracture était bien ressoudée, et que je pouvais partir confiant. La seule ombre au tableau était la perte d'une semaine de solde, puisque je n'étais pas encore titularisé. On me conseilla d'écrire à Raoul Dautry, qui était un grand sportif. Les sept jours me furent retenus, mais par la suite on me fit parvenir un secours, dont le montant était égal à la somme que j'avais perdue.

Dans la semaine qui précéda le voyage, Dautry nous réunit dans la salle anti-alcoolique pour nous faire ses recommandations :

— Je regrette beaucoup de ne pas pouvoir vous accompagner, car j'aurais beaucoup aimé rencontrer mes confrères allemands. Malheureusement, mes obligations professionnelles m'empêchent de me rendre à Hanovre. Monsieur le chef d'arrondissement du service de la voie me remplacera. Je vous ai convoqué pour vous dire que je ne voulais entendre parler de vous qu'en bien. Vous allez être les ambassadeurs des chemins de fer français dans un pays étranger. En tant que cheminots, intéressez-vous aux chemins de fer allemands. Vous allez jouer deux matches en Germanie. Pour le prestige français et cheminot, tâchez de les gagner, mais pas par n'importe quel moyen. Soyez corrects, et si vous perdez, soyez beaux joueurs. Ce n'est qu'un jeu, je vous fais confiance.

La veille de Noël, j'accompagnai Antoinette à Bordeaux, chez son frère. Je repris aussitôt le chemin de Paris, passai chercher mon camarade de Béziers rue de Rennes, et courus jusqu'à la gare de l'Est. Dans le train qui fonçait vers Hanovre, nous étions vingt joueurs, dont douze Parisiens, accompagnés de trois dirigeants et de l'ingénieur qui conduisait la délégation.

Lorsque nous arrivâmes dans la superbe gare de Hanovre, des responsables du rugby et des chemins de fer allemands nous souhaitèrent la bienvenue. Cent ou cent cinquante personnes nous accompagnèrent ensuite jusqu'à l'hôtel, en applaudissant les anciens ennemis qui venaient aujourd'hui les rencontrer en amis. Le président de la Fédération allemande de rugby dîna à notre table.

Le lendemain matin, un car fut mis à notre disposition pour nous promener dans la ville. Nous étions accompagnés par un responsable de la Fédération, et nous avions pour interprète un Français que le Réseau du Nord avait détaché afin d'étudier le frein Kunze-Knorr. Il nous dit que sa femme était charentaise, très exactement cognaçaise.

Le premier match était conclu avec le Victoria de Hanovre, le club champion d'Allemagne; il eut lieu le dimanche et réunit quinze cents à deux mille personnes dans un immense *stadium.* En Allemagne, le rugby n'est pas aussi prisé qu'en France ou en Angleterre, mais la présence de Français avait attiré beaucoup de curieux. Avant le coup d'envoi, André Debons alla déposer une gerbe de fleurs sur le monument aux morts placé au fond du stade, en souvenir des camarades sportifs allemands tués pendant la Grande Guerre.

Deux de nos joueurs furent blessés, ce qui nous obligea à terminer la partie à treize, et nous fûmes battus neuf à trois. J'eus l'honneur de marquer les trois points français, grâce à une pénalité de quarante mètres en coin. J'en fus le premier surpris car, de toute ma carrière de rugbyman, je n'avais jamais réussi un coup de pied d'une telle longueur au ras de la touche. La victoire des Allemands était due à une condition physique extraordinaire, bien supérieure à la nôtre.

Ensuite, ce fut la réception à l'hôtel de ville, avec toutes les autorités civiles et militaires, et le banquet traditionnel dans l'un des plus grands hôtels de Hanovre. Une centaine de personnes y assistaient : les joueurs, les dirigeants, des personnalités du chemin de fer, des hommes politiques, et même des journalistes. Les joueurs allemands et français étaient placés alternativement, de sorte que j'avais comme voisin le trois-quarts aile qui avait joué en face de moi l'après-midi. C'était une grande vedette internationale de l'athlétisme, qui faisait partie de l'équipe allemande de relais quatre fois cent mètres. Au cours du match, il n'avait pas réussi à me passer, et nous nous étions mutuellement neutralisés.

Le banquet fut un succès, avec des montagnes de choucroute et de charcuterie arrosées par des torrents de bière. Tout cela n'était pas très fin, et les yeux des Français cherchaient désespérément des bouteilles de vin à la surface de la table, mais l'ambiance était si fraternelle que j'en garde un souvenir très chaleureux. À la fin du repas, nous eûmes droit au discours du député, que l'interprète nous traduisit, aux remerciements de notre chef de délégation, et surtout à une remarquable allocution prononcée en français par le bourgmestre. Il rappela qu'il était un ancien combattant, et qu'il avait alors apprécié la bravoure des Français. Il fit ensuite le procès de la guerre, et s'écria :

— Comme je suis heureux de vous recevoir aujourd'hui dans ma ville! Mon vœu le plus cher, c'est que désormais la jeunesse française et la jeunesse allemande se rencontrent sur les terrains de sport, plutôt que sur les champs de bataille!

L'assistance se leva comme un seul homme et applaudit à tout rompre ces paroles magnifiques, sans se douter que le bourgmestre, hélas, était mauvais prophète.

Le lendemain, tout le monde voulait recevoir les Français, de l'Amicale des anciens combattants aux organisations pacifistes, en passant par la Ligue des droits de l'homme et les anciens prisonniers. Comme nous ne pouvions être partout à la fois, nous dûmes nous scinder en trois groupes. L'une de ces organisations nous reçut le soir dans une grande brasserie, où la bière coulait à flots. Il nous fallut chanter, mais nous ne faisions pas le poids devant nos hôtes, qui étaient pourtant déjà d'un certain âge. Ils avaient fait la guerre, et, on sentait qu'ils étaient heureux de se retrouver avec nous.

En sortant de cette brasserie, je remarquai sur un mur bien éclairé d'immenses affiches qui annonçaient un « grand meeting national-socialiste, avec la participation d'Adolf Hitler, Rudolf Hess, Hermann Goering, Ribbentrop et Goebbels ». Ces noms et ces photographies gigantesques ne nous disaient rien, car en 1930 l'Allemagne était une république gouvernée par le chancelier Brüning. Un vieux Germain s'approcha alors de moi, et me montra du doigt ces portraits. Il me dit textuellement en français :

— Voyez, petit, si ces gens-là viennent un jour au pouvoir, nous reverrons la guerre.

Sur le coup, je le pris pour un fou, mais la suite a prouvé qu'il était meilleur prophète que le bourgmestre. Bien des fois, au cours de la guerre, je me suis rappelé ses tristes prédictions.

Le deuxième match nous opposa le mercredi à une sélection d'internationaux. Comme la première fois, il y eut dans le *stadium* une cérémonie grandiose, avec des hymnes écoutés religieusement par une assistance très digne et disciplinée. Nous ne voulions pas perdre cette deuxième rencontre, mais nos avants furent malmenés par les rugueux internationaux. Par contre, les trois quarts français furent plus brillants et soulevèrent les applaudissements du public. En fin de compte, tout le monde fut satisfait du match nul trois à trois. La soirée se termina à deux heures du matin après un nouveau banquet, des chants ininterrompus et une grande beuverie, toujours à la bière.

Le lendemain, nous partions pour Berlin, capitale de la grande Allemagne. Notre permis international était prévu pour vingt-cinq utilisateurs, et nous n'étions que vingt-quatre, aussi pouvions-nous emmener une personne supplémentaire. Les gérants de notre hôtel, qui étaient d'une extrême gentillesse, avaient une fille ravissante de dix-huit ans, blonde comme les blés de la Beauce. En nous servant comme de coutume notre petit déjeuner, elle nous dit :

— Comme vous avez de la chance d'aller à Berlin! Je n'y suis jamais allée.

— Cela vous ferait-il plaisir de venir avec nous? lui demanda alors notre ingénieur.

— Je serais ravie, répondit-elle en baissant les yeux pudiquement.

L'ingénieur alla aussitôt demander l'autorisation à ses parents, qui acceptèrent sans sourciller de la laisser partir seule avec vingt garçons en parfaite santé. Mais tout se passa très bien car, selon les paroles de Dautry, nous étions les « ambassadeurs des cheminots français à l'étranger ».

Il avait neigé toute la nuit, de sorte que nous traversâmes une campagne recouverte d'un manteau immaculé. La réception et le déjeuner se tinrent au buffet de la gare, où nous eûmes l'agréable surprise de boire du vin du Rhin. Un car nous fit ensuite visiter les principaux monuments de Berlin, comme la fameuse porte de Brandebourg, puis il nous conduisit à l'ambassade de France. Nous fûmes très impressionnés par la propreté exemplaire de cette grande ville, qui était cependant beaucoup moins belle que notre capitale. Le soir, nous nous rendîmes par le métro à l'Opéra, l'un des plus grands du monde. À peine étions-nous entrés pour gagner nos places réservées, que de nombreux visages se tournèrent vers nous.

— Ce sont des Français, murmurait-on.

La soirée, une fois de plus merveilleuse, s'acheva par

une tournée des brasseries, qui nous fit regagner notre hôtel vers quatre heures du matin.

Sur le chemin du retour, notre blonde petite Gertrude nous quitta à Hanovre, en nous promettant qu'elle ne nous oublierait jamais. À Liège, quelques joueurs imprudents descendirent pour aller au buffet, mais le train repartit sans eux. Enfin, le vendredi soir vers vingt heures, les rescapés arrivèrent à Paris.

Comme je devais aller jouer à Rennes le dimanche, il était prévu que ma femme ne rentrerait de Bordeaux qu'au début de la semaine suivante. Le samedi, j'embauchai à sept heures, et mon premier travail fut d'aller à la paye avec un de mes camarades saintais, parce que l'un comme l'autre nous étions fauchés. Nous décidâmes de déjeuner ensemble au restaurant le midi. Mais en sortant du dépôt vers onze heures, je fus très surpris de voir Antoinette qui m'attendait.

— Je te savais rendu, me dit-elle, et je ne voulais plus attendre. J'ai pris le train hier à Bordeaux, et je suis arrivée ce matin.

C'était une belle preuve d'amour.

— Mais je pars ce soir à Rennes.

— Je le sais.

— Écoute, je devais aller au restaurant avec un ami. Voici la paye. Prépare-nous un bon repas, et surtout n'oublie pas de prendre une bouteille de vin.

En attendant que le déjeuner soit prêt, j'allai à l'abreuvoir avec mon compatriote. Après manger, ma femme nous suivit jusqu'au dépôt, et nous prîmes le café ensemble.

Notre train quittait la gare Montparnasse vers vingt-deux heures, et là encore Antoinette décida de nous accompagner. Au moment où l'on annonçait le départ, comme je l'embrassais avant de monter dans le compartiment, elle fondit en larmes.

— Encore toute seule jusqu'à lundi, dit-elle.

C'est alors qu'un dirigeant qui avait assisté à la scène la prit par le bras.

— Venez, madame Péroche, montez! Ne vous inquiétez pas, le permis est pour vingt personnes, et nous sommes dix-sept. Vos gosses ne vous attendent pas!

Interloquée, elle ne sut pas trop quoi répondre. Elle essuya ses larmes et monta. Alors que le train fonçait à 120 kilomètres à l'heure vers la Bretagne, nous nous tenions debout dans le couloir, sa tête contre la mienne. Ce fut un vrai moment de bonheur.

Le lendemain, le match contre le Stade rennais se déroula devant dix mille spectateurs, car nous jouions en lever de rideau d'une rencontre de football professionnel contre l'équipe nationale suisse. Dès quatorze heures, le stade était plein, ce qui prouvait que dans ce fief du football, le public appréciait aussi le rugby. Nous l'emportâmes très nettement, et ce jour-là je marquai deux essais malgré les efforts de mon vis-à-vis, le champion de Bretagne de cent mètres plat. Peut-être la présence d'Antoinette m'avait-elle donné des ailes?

Mais mon séjour à Paris allait bientôt prendre fin. Au début du mois de mars 1931, un compatriote qui revenait de la capitale de la Saintonge vint me trouver :

— Si tu veux, je te connais un permutant pour le dépôt de Saintes. C'est sérieux. Il a des ennuis d'amour, il veut laisser sa femme et venir dans la région parisienne.

Je pris aussitôt contact avec lui. Nous étions tous deux ouvriers, au même grade et au même service, et pour ma part j'étais titularisé depuis le 1er mars. Les deux chefs d'arrondissement ne firent donc pas de difficultés pour accepter nos demandes de permutation. Le 1er avril, après quatorze mois d'absence, j'embauchai au dépôt de Saintes.

La vie de roulant

Lors de mon retour à Saintes, je dus prendre une décision cruciale : il fallait choisir entre la carrière de roulant et le rugby. Les dirigeants du Club saintais m'avaient sauté dessus comme un chat dans un buffet, et naturellement j'avais accepté de signer une demande de mutation pour la saison suivante. Mais ces projets furent remis en question lorsqu'au bout de deux jours de travail, le chef de dépôt principal me fit appeler.

— C'est vous, me dit-il, qui venez du dépôt de Montrouge? Vous êtes jeune, il faut monter sur les machines. À l'heure actuelle, j'ai une trentaine d'ouvriers qui roulent d'office. Nous cherchons de préférence des jeunes professionnels pour faire carrière dans le service roulant. Vous avez toutes les qualités requises. Je vous demande de faire une lettre sur le champ.

Si j'acceptais, je m'engageais officiellement. C'était un véritable cas de conscience, parce que sur les machines on travaille le dimanche et la nuit, et cela signifie l'adieu à la compétition. À vingt-trois ans, j'étais en pleine forme pour ce sport que j'adorais. Allais-je trahir les dirigeants qui comptaient sur moi, le public si attachant?

— Réfléchissez, me dit le vieux chef de dépôt. Vous êtes à la croisée des chemins. Si vous voulez faire votre carrière sur les machines, c'est tout de suite. Pensez à votre situation : vous partirez à cinquante ans avec une retraite convenable. Allons, mon gars, le sport c'est bien beau, mais ce n'est qu'un loisir.

Il paraissait sincère et, en fait, il parlait pour moi. Nous nous regardâmes dans les yeux.

— Je fais la lettre, lui dis-je.

Il s'approcha de moi et me serra la main.

— C'est bien. Vous ne le regretterez pas.

Je fus aussitôt muté au service de la feuille. Les huit premiers jours furent occupés par des préparations et des remplacements de machines en gare de Saintes. Contrairement à ce qui s'était passé à Montrouge, on commença par me montrer l'ABC du métier sur des machines modernes, telles que les Pacifics prises aux Allemands après la Grande Guerre, les 2-3-0-800 [1], ou bien les TP [2] que les Américains nous avaient laissées en 1919.

Au bout d'une semaine, je fus commandé pour aller chercher tous les jours un train de marchandises à Cognac. C'était un excellent train de manœuvres pour un débutant, parce qu'il était tracté par une TP et qu'il s'arrêtait dans toutes les gares. Mon compagnon m'apprit à faire du feu dans cette machine très puissante, qui demandait un chauffeur solide. Le foyer avait une longueur de trois mètres quarante, et au lieu d'être en pente il était horizontal. Il fallait beaucoup de feu à l'avant, au ras de la plaque tubulaire, alors que dans les autres

1. Pour la classification des locomotives, voir la note de la page 00. Le type de la machine, ici 2-3-0, est suivi par un simple numéro de série.
2. Travaux publics.

machines c'était le contraire. Les Américains étaient-ils donc des surhommes? C'était en tout cas une race jeune, comme le prouvaient sans cesse leurs performances sportives. En attendant, nous devions nous autres Français nous servir de ces engins jusqu'à leur réforme.

Le lundi de Pâques 1931, je fus commandé avec mon compagnon pour assurer un train de voyageurs sur Royan. Il y avait beaucoup de monde pour les fêtes, de sorte que la locomotive habituelle, une 2-3-0-000 du dépôt de Niort, n'était pas assez puissante. Plutôt que de faire deux trains, il fut décidé par mesure d'économie de n'en composer qu'un seul, mais de 600 tonnes, et de le faire tracter par notre TP. Notre machine ne dépassait pas la vitesse de 70 kilomètres à l'heure, mais en revanche elle montait les rampes aussi vite qu'elle les descendait. D'autre part, nous pouvions profiter de notre démarrage très rapide, puisqu'il s'agissait d'un omnibus qui s'arrêtait dans toutes les gares.

C'était mon premier train sérieux comme chauffeur, mais grâce aux conseils du mécanicien, l'aiguille du manomètre de pression resta bien au timbre, et nous arrivâmes à l'heure à Royan. Mon compagnon me félicita. Après un casse-croûte au corps de garde, ce fut le retour sur Saintes à la tête d'un autre train de voyageurs. Là encore, je suivis si bien mon feu que l'aiguille du manomètre ne décolla pas du timbre. Sur le quai de la gare de Saintes, des centaines de voyageurs marchaient vers la sortie tandis que, debout sur ma machine, je dressais la tête comme un lézard. Ce jour-là, je n'aurais pas donné ma place pour un jambon!

Je restai ensuite un an avec un mécanicien titulaire qui venait d'être nommé. C'était un homme très gentil, mais paresseux comme une couleuvre : il n'aurait pas aidé le chauffeur à porter les signaux à la lampisterie, ou à approcher du charbon. Heureusement j'étais jeune, jamais fatigué, et je le prenais comme il était. Toutes les semaines, nous assurions les mêmes trains de manœuvres sur Angoulême, Saint-Mariens, La Rochelle et Bordeaux, ainsi que des trains de voyageurs directs ou omnibus sur Saint-Mariens. Ce service dura jusqu'en 1932, date à laquelle je dus une nouvelle fois descendre des machines.

La crise économique se faisait sentir jusque dans les chemins de fer, car le chômage et les fermetures d'usines entraînaient une baisse du trafic marchandises. Le gouvernement d'alors était dirigé par Pierre Laval; celui-ci espérait redresser la situation économique au moyen de décrets-lois, qui faisaient plutôt penser à une dictature. Il réduisit de 10 % le traitement des fonctionnaires, des enseignants, des cheminots, des militaires et des gendarmes, et il décida qu'aucune nomination n'aurait lieu. Je perdis trois années d'avancement à cause de ces mesures très impopulaires, et surtout, comme tous les ouvriers qui n'étaient pas encore nommés chauffeurs, je dus revenir à l'atelier.

Le travail n'y forçait pas non plus, puisque la baisse du trafic signifiait aussi celle des réparations. Je fus alors détaché à la voie, d'abord au service électrique, puis au service technique. Là je restai un an à faire de l'ajustage et de la forge, avec le même compagnon. Nous participâmes à la création du poste d'aiguillage de Royan, puis au montage du contrôle impératif dans les gares, et enfin à la conception et à la pose des supports de pédales, pour annoncer les trains sur toute la ligne Saintes-Royan. L'année passa très vite, car le travail était plutôt agréable, et nous laissait une grande liberté. Nous emportions souvent un panier pour déjeuner en pleine nature. De plus, le repos du dimanche me permit de reprendre le rugby avec l'équipe réserve.

Cependant, la situation économique s'améliorait et le trafic reprenait sérieusement. Tous les ouvriers descendus retrouvèrent alors leur place sur les machines. Le chef de feuille m'affecta la 2-3-0-803, qui assurait des trains omnibus sur Bordeaux, Nantes, Angoulême, Niort et Royan, des trains de messageries et de denrées sur Bordeaux, et enfin des rapides La Rochelle-Genève jusqu'à Angoulême.

C'était le service le plus important du dépôt, et l'emploi qui rapportait le plus d'argent, car il était très dur. À la différence des Pacifics, les 2-3-0-800 avaient un bogie de quatre roues, plus trois roues couplées, mais pas de roues porteuses. Au lieu de fonctionner à la vapeur surchauffée, qui atteint presque 300 degrés, elles devaient se contenter de la vapeur saturée, qui dépasse un peu les 100 degrés. Elles exigeaient donc plus d'eau, plus de charbon, et un surcroît de travail. Pourtant, à 25 tonnes près, elles tiraient les mêmes trains que les Pacifics.

Mon compagnon, Milha, était l'un des plus anciens mécaniciens du dépôt, à deux ans de la retraite. Il était natif de Périgueux, et comme il avait fait son service dans la Marine, il avait la manie d'appeler ses compagnons « marin » ou « matelot ». Il était coiffé en permanence d'une casquette de loup de mer. Cet homme gentil, gouailleur, toujours à l'affût d'un bon mot, est sans doute le personnage le plus original que j'aie connu. Quand je lui proposais d'aller au café, il refusait régulièrement au nom de ses principes.

— Chef, lui disais-je en sachant qu'il appréciait beaucoup ce qualificatif, si nous allions prendre l'apéritif?

— Comment, marin, tu veux m'emmener dans des endroits où l'on mange son argent, où l'on ruine sa santé!

Il était excellent mécanicien, bon marcheur mais, par souci d'économie, il ne regagnait jamais le temps perdu.

Quand il partait de Saintes avec cinq minutes de retard, il arrivait à destination avec le même décalage, parce qu'autrement il aurait « dépensé du charbon ». Sur ce point, il m'en a fait « arracher » bien des fois : il me comptait les briquettes, et souvent il allait jusqu'à fermer la porte du foyer, parce qu'il trouvait que je mettais une pelletée de trop. Mais il restait toujours très gentil, et il gardait le sourire.

— Marin, nous ne travaillons pas pour la gloire, mais pour gagner de l'argent.

Un beau jour, notre machine partit au levage pour des réparations importantes, et nous fûmes séparés pendant un mois. Milha en profita pour prendre son congé, et en attendant je roulai avec les uns et les autres. C'est à cette époque que je revis Raoul Dautry, dans des circonstances assez particulières.

Chaque année au mois d'août, des fêtes superbes étaient célébrées dans les arènes gallo-romaines de Saintes. La Comédie-Française y attirait vingt mille spectateurs et jouait en présence de personnalités de tout premier plan, comme par exemple Raymond Poincaré. En 1934, Dautry assura la présidence des festivités, qui avaient à leur programme « Pour la couronne », avec Maurice Escande en vedette.

Dans ma jeunesse, j'avais été plusieurs fois figurant, et cette année-là l'idée m'était venue de renouer avec la tradition, car l'ambiance du théâtre était pour moi une bonne détente. Tout de violet vêtu, j'avais le rôle du diacre, qui était avant tout décoratif. Trois ou quatre répétitions suffirent avant la représentation, puisque je ne parlais pas.

Après la fête, le président monta sur la scène comme le voulait la coutume, afin de serrer la main des acteurs et féliciter les responsables. Dautry me reconnut aussitôt :

— Qu'est-ce que tu fais là?

— Je suis figurant, monsieur le directeur. Pourquoi, c'est mal?

— Mais non, mais non! dit-il en éclatant de rire.

Le soir même, la famille Dautry coucha chez le sénateur-maire Fernand Chapsal, avec lequel elle entretenait les meilleures relations. Raoul Dautry se présenta le lendemain matin en gare de Saintes, pour le départ du rapide Royan-Paris. Il était habillé d'un treillis bleu et coiffé d'un béret basque. Au lieu de monter dans sa voiture au toit blanc, qui était accrochée en tête de train, il rejoignit l'équipe traction sur la locomotive et lui serra la main. Le directeur du Réseau se tenant debout derrière le mécanicien, le rapide se mit en route pour la Ville Lumière. Le chauffeur lui demanda à plusieurs reprises s'il voulait s'asseoir pour se reposer quelques instants, mais chaque fois il refusa.

A Thouars, il descendit acheter un sandwich et une bière, et observa l'accrochage de la nouvelle locomotive, puis l'essai de frein de continuité. Il reprit ensuite sa place derrière le nouveau mécanicien.

Après l'arrêt de Saumur, le train ne s'arrêtait plus jusqu'à Paris. Il tournait à 120 kilomètres à l'heure, quand tout à coup une odeur d'huile brûlée vint chatouiller les narines des trois hommes. En se penchant, le mécanicien aperçut une légère fumée bleue : le régule d'une boîte de roue motrice avait fondu. Il fallait donc changer de machine au prochain dépôt, c'est-à-dire à Château-du-Loir. Le mécanicien donna quatre longs coups de sifflet dans chacune des gares de passage, pour faire une demande de réserve.

Lorsque le train arriva à Château-du-Loir, la machine de réserve était en place, prête à remplacer la Pacific déficiente. Il s'agissait d'une Mikado, dont la vitesse limitée à 100 kilomètres à l'heure était bien inférieure à celle des Pacifics. Heureusement, le mécanicien que j'ai bien connu par la suite à Thouars était un « vieux de la vieille ». Avant de conduire une Pacific, il avait longtemps été titulaire d'une Mikado, et il connaissait la ligne sur le bout des doigts.

L'échange des machines s'étant soldé par un retard de douze minutes, il devait réaliser un véritable exploit s'il voulait amener son train à l'heure à la gare Montparnasse. Mais il disposait d'un atout important : la puissance supérieure des Mikados, qui leur permettait de rouler à 90 ou 95 kilomètres à l'heure dans les rampes, alors que les Pacifics montaient à 50 ou 60 kilomètres à l'heure. Comme les rampes sont nombreuses entre Château-du-Loir et Paris, le talentueux mécanicien put gagner un temps considérable et combler son retard. En arrivant dans la capitale, le directeur, le mécanicien et le chauffeur étaient noirs comme des taupins. Raoul Dautry serra la main des deux hommes et dit au mécanicien :

— Cet échange de machines est regrettable, mais je vous félicite pour votre conduite excellente.

Après quoi il se dirigea vers sa voiture pour aller se nettoyer, car il n'était vraiment pas beau. Toute la presse régionale devait d'ailleurs revenir sur le voyage du directeur général en titrant : « Raoul Dautry pilote le rapide Royan-Paris. »

Quelques jours plus tard, le mécanicien recevait une demande d'explications au sujet de la boîte de roue dont le régule avait fondu. Il ne put que donner la réponse habituelle : « j'ai graissé normalement », pour recevoir l'inévitable blâme simple, accompagné d'une amende symbolique. Il était titulaire, et donc responsable du graissage; c'était le barême, et personne ne s'en offusquait.

Cette affaire banale paraissait réglée, quand arriva une note de la direction, signée par Raoul Dautry en personne. Elle était ainsi stipulée : « Tout en regrettant l'échange de machines opéré à Château-du-Loir sur le train Royan-Paris, je tiens particulièrement à vous féliciter pour l'excellente marche qui vous a permis de rattraper les douze minutes de retard, malgré une machine d'un type différent. Ces félicitations sont à partager avec le chauffeur, dont je loue la vaillance et le courage. En conséquence, je vous fais allouer à chacun la somme de... » Cette somme était exactement identique au montant de l'amende.

Le mécanicien était puni pour la faute dont il était responsable, mais son exploit était récompensé. Raoul Dautry montrait une fois de plus ses qualités de véritable cheminot : l'intransigeance dans le respect du règlement, la compréhension des difficultés du métier et l'amour de la justice.

Notre 2-3-0-803 revint toute neuve du levage, gazant davantage et dépensant moins d'eau. Milha était heureux comme un poisson dans l'eau :

— Marin, nous allons gagner de l'argent. Tu vois, une machine comme ça, ça vaut mieux qu'une femme, parce que ça gagne de l'argent, tandis que la femme le mange.

Le travail n'était pas triste avec un pareil compagnon!

Cependant, notre collaboration ne dura que jusqu'en septembre 1934. Après une matinée consacrée à nettoyer la machine, à passer du suif et de la cire sur la chaudière et à faire briller les cercles, j'allai manger au corps de garde. Je vis avec déplaisir que Milha ne m'avait pas attendu pour déjeuner. Il se moquait de l'astiquage : la seule chose qu'il me demandait, c'était d'avoir de l'eau et du gaz pour tirer le train. Lorsque nous nous mîmes en tête de l'express de Royan, il était aussi souriant que d'ordinaire, mais pour ma part j'étais plutôt énervé.

Peu avant d'arriver à Saujon, mon injecteur se désamorça : l'un des joints du tuyau d'arrivée d'eau du tender était coupé. Aussitôt, les soupapes de sûreté se soulevèrent. Pour la première fois, je vis mon ami se mettre en colère. C'était de la « dépense », c'était du « charbon gaspillé »!

— Mon injecteur est avarié, lui dis-je. Mettez le vôtre.

— Non, non, marin! Rien à faire.

Il attendit qu'il n'y ait plus d'eau dans le tube, pour finalement se décider à amorcer un injecteur.

Je ne sais ce qui se passa alors dans ma tête, mais soudain j'explosai de rage. Je lui dis tout ce que j'avais sur le cœur :

— Je ne supporte plus vos ridicules économies de charbon! Ça tourne vraiment à l'idée fixe! Et puis en plus de ça, vous me promettez toujours de me laisser conduire des trains faciles, mais vous ne le faites jamais! Vous ne m'avez pas encore donné une seule fois le régulateur!

À Royan, il tenta une réconciliation, mais je ne lui adressai pas la parole. J'étais vexé, et bien décidé à le quitter. Le lendemain, je profitai de mon jour de repos pour aller voir le chef de feuille et lui demander de me remplacer. Il essaya de me raisonner, car ma décision l'ennuyait :

— Ce sera difficile de lui trouver un compagnon qui travaille à son goût.

Mais je ne cédai pas, et ce fut le divorce. Il m'est arrivé depuis d'avoir des remords, parce que Milha était un homme honnête, un joyeux compagnon et un excellent mécanicien. Mais ce jour-là, le vase avait débordé.

On me donna un nouveau compagnon et une nouvelle locomotive, une 1-4-0-000 anglaise, plus facile à travailler, plus souple et mieux portée que les TP. Launay, originaire de Nantes et nouvellement nommé, était un brave. Bien qu'il n'ait qu'une quarantaine d'années, sa santé était précaire, et ses intestins l'obligeaient souvent à s'arrêter. Il n'était peut-être pas un excellent conducteur de trains, mais il connaissait sa machine à fond. Il aimait m'expliquer la distribution de la vapeur, et je peux dire qu'il fut pour moi un véritable éducateur. Dès le premier jour, il me dit :

— À présent, tu dois apprendre à conduire les trains. Prends le régulateur.

J'étais fier comme un paon. Il me surveillait, me donnait d'excellents conseils, et savait me faire comprendre.

— Allonge ta marche, me disait-il. Passe au grand régulateur, raccourcis.

En entrant dans les gares, il me tenait la main pour freiner et pour arrêter le train au robinet du mécanicien. Il me faisait conduire tous les jours, de sorte que je prenais confiance en moi, et que je devenais capable de m'occuper à la fois du feu et de la marche.

Ceci me permit un jour de conduire mon premier train en tant que mécanicien. Nous nous trouvions à Châteauneuf-sur-Charente, et nous devions repartir sur Saintes, lorsque mon compagnon fut terrassé par une crise des intestins. Il n'y avait personne pour le remplacer. Normalement, j'aurais dû prévenir le dépôt de Saintes et demander un mécanicien de réserve, mais cela aurait entraîné un retard considérable et des perturbations dans le trafic.

— Ne t'en fais pas, lui dis-je, on part.

— Non, pas question, c'est interdit.

Il souffrait tellement qu'en fin de compte il me laissa

faire. C'était une faute très grave, mais heureusement il eut assez de force pour ne pas me quitter de l'œil, et pour m'assister de ses conseils. Ce parcours fut pour moi une grande joie, d'autant plus que personne n'en sut jamais rien.

Au mois de janvier 1935, je fus convié aux cours donnés par le chef-mécanicien en vue d'obtenir l'autorisation de conduire les trains. Pendant un mois, je retournai à l'école avec une vingtaine d'ouvriers et de chauffeurs. La première semaine était consacrée aux signaux, la deuxième aux règlements généraux, la troisième à la machine, la quatrième au frein et à la récapitulation. Le Réseau de l'État avait récemment décidé de faire ce gros effort financier, plutôt que de nous laisser apprendre seuls, et notre devoir était donc de profiter au maximum de ses cours.

Le chef mécanicien parlait un langage direct et savait se mettre à notre portée. Quand c'était nécessaire, il n'hésitait pas à aller sur le tas et à monter sur une machine, pour nous faire mieux comprendre. Le dernier jour d'école, il nous tint le discours suivant :

— Mes amis, nous venons de passer un mois ensemble. L'examen est proche, et il déterminera votre carrière. Pour moi, vous êtes tous bons, mais il faut compter avec la chance. Rappelez-vous que dans un nid, tous les oiseaux ne se sauvent pas. Il y en a souvent qui sont mangés par les chats. Je vous souhaite bonne chance.

Un matin de février, je rentrais à Saintes après deux jours de tournée, quand le chef de feuille me fit appeler :

— À partir de huit heures, vous êtes à la disposition de la commission pour l'examen.

La veille au soir, à Angoulême, j'avais commis l'imprudence d'aller voir *Famille nombreuse* au cinématographe, si bien que je m'étais couché à minuit pour me lever à trois heures. Mais c'était un ordre, et à présent il fallait passer à la casserole. J'eus à peine le temps de me laver, de me changer et d'aller boire un bon café à l'auberge, avant de me présenter avec un camarade dans la salle des conférences du dépôt.

Le chef mécanicien était accompagné du chef de dépôt principal et de l'inspecteur traction d'arrondissement. Ils avaient tous les trois des visages graves, car notre avenir dépendait de cette matinée.

Mon camarade passa le premier, et ils le questionnèrent sur les points qui l'avaient fait échouer la fois précédente. À neuf heures trente, il était bon. J'entrai dans le bureau, et la séance commença par les signaux. Pendant une heure, ils me retournèrent sous toutes les coutures, n'acceptant pas la moindre hésitation. Ils se relayaient tous les trois pour poser les questions, mais le chef mécanicien me faisait des clins d'œil, parce qu'il espérait sincèrement notre succès. Après cinq minutes de répit, ce fut le tour des règlements généraux et de la sécurité.

— Que doit faire un mécanicien quand il est obligé de monter son train en deux fois? Comment réagir face à une impuissance de machine dans une rampe? Comment établir une demande de secours, soit par l'avant, soit par l'arrière?

Ce genre de questions nous occupa encore près d'une heure, après quoi nous abordâmes la machine. J'étais assez à l'aise sur ce sujet, puisque c'était mon métier initial. Ils étaient très à cheval sur les avaries, et ils voulaient à tout prix éviter la demande de réserve pour une bricole. Dans la mesure du possible, il fallait regagner une gare de sécurité ou le dépôt le plus proche, et dégager la voie principale.

Pour confirmer dans la pratique ce que je venais d'expliquer en théorie, ils m'emmenèrent sur une locomotive sous pression. Il était midi passé, et les ouvriers débauchaient. Ils n'ont donc pas faim? me disais-je en moi-même. Mais je dus encore subir la même cérémonie pour le frein. Enfin, à douze heures quarante, nous regagnâmes tous les quatre le bureau du chef de dépôt.

— Passez dans la salle de conférence et attendez, me dit l'inspecteur.

Au bout de quelques instants, la porte s'ouvrit, et l'on me fit signe d'entrer.

— Après délibération de la commission, déclara le chef mécanicien, l'ouvrier Péroche est apte à conduire les locomotives à vapeur sur le Réseau de l'État. Tu recevras prochainement ton autorisation officielle de Paris, mais auparavant, tu devras faire tes quatre trains d'essai. Pour que ces trains soient comptés bons, il ne faut aucune perte de temps ni aucun incident.

Le surlendemain, je fus commandé pour assurer le train omnibus Saintes-La-Rochelle, avec une 2-3-0-600 du dépôt d'Angoulême. Le mécanicien titulaire regagna le fourgon, et le chef-mécanicien monta avec moi. Tout se déroula parfaitement. Nous décidâmes d'aller déjeuner dans un petit restaurant, car cela ne se faisait pas d'apporter son panier lors des trains d'essai.

— Allons prendre l'apéritif, me dit le chef. Un petit Pernod ne nous fera pas de mal.

L'après-midi, je dus ramener un train de marchandises à Saintes, en m'arrêtant dans toutes les gares et en exécutant les manœuvres commandées par l'exploitation. De Rochefort à Saintes, il m'imposa d'effectuer à la fois le feu et la marche, pour prévoir le cas où le chauffeur serait défaillant. Ce ne fut qu'une simple formalité, puisque très souvent Launay était trop malade pour conduire.

Les deux autres essais eurent lieu le lendemain. Pour la première fois, j'assurai le train express 905 Nantes-Bordeaux avec une Pacific.

— Ne t'inquiète pas, me dit le chef, ça marchera comme les autres.

À Saint-Mariens, il m'imposa sans nécessité de m'arrêter à la prise d'eau, simplement pour voir si j'en étais capable. En voyant que je manœuvrais impeccablement, il me dit :

— Bien, petit. Maintenant, allons déjeuner.

Mais avant, nous prîmes bien sûr l'apéritif au buffet de la gare. Ce n'était peut-être pas très règlementaire, mais en la circonstance c'était nécessaire. Il ne restait plus qu'à remorquer le train 5924 de Saint-Mariens à Saintes, avec une 1-4-0-000 anglaise. Après un bon arrêt à la prise d'eau de Jonzac, j'arrivai à l'heure à Saintes, « la queue en trompette ».

— Allons arroser ça, me dit le chef.

Quinze jours plus tard, je reçus une carte ainsi rédigée : « L'ouvrier Péroche est autorisé à conduire les locomotives en remplacement des mécaniciens. » Elle était signée du chef du service traction et du directeur général du Réseau.

Grâce au gouvernement radical-socialiste, les restrictions à l'avancement furent levées et, le 1er avril 1935, je fus nommé chauffeur de route autorisé à Thouars, le dépôt-phare du Réseau de l'État en province. Une nouvelle fois, je devais quitter ma bonne ville natale. Ma famille se retrouvait complètement dispersée, alors même que nous travaillions tous au chemin de fer! En effet, mon frère cadet était entré au dépôt d'Achères après avoir quitté Michelin; mon autre frère n'était pas roulant, mais cheminot tout de même; enfin, le mari de ma sœur allait devenir chef d'équipe aux ateliers de Saintes.

La ville de Thouars, située sur le Thouet, dans une région assez accidentée, compte environ quinze mille habitants. Elle est célèbre pour son château, son viaduc, sa place Laveau et ses grillades d'anguille en plein air. Le vin y est bon, car Montreuil-Bellay et les célèbres crus des coteaux du Layon sont voisins; la vie y est agréable et la mentalité excellente.

À cette époque, le dépôt était très important : il comptait plus de huit cents agents de conduite ou sédentaires, et disposait d'un grand nombre de 2-3-0-800, de 2-3-0-300, de 1-4-1-000; de 1-4-0-500, qu'on appelait les « bossues », de 1-4-0-TP, de 0-3-0-000, et de 4-0-000 de manœuvres. Mais au sommet de la hiérarchie se trouvaient les Pacifics 2-3-1-000, qui assuraient les rapides et les express sur Paris-Bordeaux. Pour y avoir accès, soit comme mécanicien, soit comme chauffeur, il fallait avoir fait ses preuves. Les mécaniciens des Pacifics étaient surnommés les « sénateurs ». Ils gagnaient bien leur vie, et presque tous ils avaient fait construire leur maison. Leurs femmes portaient des bas de soie, alors que celles des autres roulants se contentaient de bas de fil.

Nous nous installâmes au début du mois d'avril dans le logement que ma femme avait trouvé en plein centre de la ville, à proximité de la place Laveau. Quand on arrive dans un dépôt de cette importance, on est un inconnu noyé dans la masse, et il faut du temps pour assurer sa réputation. Mon grade de chauffeur me permettait d'envisager un poste au service Pacific, or les places étaient la plupart du temps occupées par des manœuvres non professionnels, mais qui avaient fait leurs preuves. Malgré des grincements de dent chez les chauffeurs, le chef de dépôt maintenait ces vieux agents au « grand service », et les sénateurs tenaient aussi à les conserver, ce qui était tout à fait juste.

Au début, je dus donc me contenter d'une Mikado, avec un mécanicien très calme et peu expansif. Il ne me demandait rien, pourvu que je lui fournisse de l'eau et du gaz. Je fis le service de Chartres jusqu'à ce qu'il tombe malade, car il avait l'estomac fragile. Un après-midi où j'étais disponible, le réveilleur m'apporta une commande pour le lendemain matin, rédigée comme suit : « Péroche, chauffeur T [3], train 780 Thouars-Paris 2-3-1. Retour 781 Paris-Thouars. » Suivaient la date et le nom du mécanicien. Je n'en revenais pas : j'étais commandé pour faire un train express sur Paris avec une Pacific et un sénateur! Je dois avouer que j'en passai une nuit hantée.

En arrivant au dépôt très en avance, je trouvai la machine basculée, le cendrier vidé, la briquette cassée [4]. J'allai chercher les signaux à la lampisterie et les rapportai sur la machine. C'est alors que mon compagnon arriva. Il portait sur son gros ventre une chaîne énorme et une montre de la taille d'un réveil.

— Bonjour, chef, lui dis-je aussitôt.

Il me regarda sans même me tendre la main et répondit par un grognement sinistre. Du coup, mon moral était sapé. Il partit chercher l'huile de graissage à la lampisterie, et les graphiques au service de la feuille. J'appris par la suite qu'il s'en prit au chef de feuille :

— Quel compagnon est-ce que vous m'avez mis? Et s'il n'y connaît rien? Si ça ne gaze pas, il ne faut pas compter sur moi pour prendre la pelle! C'est un train extrêmement difficile, vous le savez bien!

3. C'est-à-dire autorisé à la conduite.
4. Lorsque le parcours dépassait 300 kilomètres, le dépôt se chargeait de la préparation de la machine. En général, le mécanicien préférait assurer lui-même le graissage et les vérifications.

En fait, il avait une peur bleue de se retrouver sans son chauffeur titulaire, qui était en congé pour deux jours.

Il revint à la machine et fit son travail sans me regarder. Enfin, nous sortîmes du dépôt pour aller nous accrocher au train. Je faisais bien attention à ce que les soupapes de sûreté ne se soulèvent pas en gare mais, au fond de moi-même, j'étais tranquille, car celui qui a fait du feu dans une 2-3-0-800 n'a rien à craindre sur une Pacific.

La machine gazait bien et le tube à niveau était aux trois quarts plein. Le profil est assez difficile entre Saumur et Courtalain, mais tout marcha le mieux du monde. Mon vieux compagnon me surveillait, toujours sans dire un mot, mais il paraissait plus rassuré. Quand il passait au grand régulateur dans les rampes, l'aiguille du manomètre ne bronchait pas du timbre. Après nous être arrêtés à Chartres pour remplir d'eau le tender, nous abordâmes le tronc commun. Les trains du Sud-Ouest rejoignent ceux de l'Ouest et de Bretagne sur une artère commune, si bien que les marches sont très serrées, et qu'un train qui ne respecte pas l'intervalle de trois minutes retarde tous les autres. Mais notre machine tournait à 120 kilomètres à l'heure, sans que j'aie eu besoin de donner plus de deux coups de crochet depuis Thouars.

À la hauteur de Maintenon, un miracle se produisit : mon compagnon bedonnant quitta sa place pour me faire entendre sa voix.

— Alors, mon drôle, est-ce que ça va?

— C'est à vous qu'il faut le demander. Pour moi, ça va très bien.

Il reprit alors sa place pour rabattre ses lunettes et mettre sa tête en plein vent, car à cette vitesse les signaux sont très proches les uns des autres. Ensuite, ce furent Meudon, Vanves, Ouest-Ceinture et Montparnasse. Le train arriva au butoir de la gare à l'heure pile.

— Petit, tu m'excuseras, dit mon compagnon en relevant ses lunettes. Quand je t'ai vu sur la machine, je n'ai pas eu confiance. Ta jeunesse ne m'inspirait rien de bon. J'ai été tellement trahi par des jeunes rigolos que maintenant je me méfie. Tu t'en apercevras quand tu seras mécanicien.

Nous refoulâmes la rame voyageurs sur le plateau de Montrouge, et nous rentrâmes au dépôt pour aller nous laver au corps de garde.

— Ce soir, me dit-il, nous ne mangerons pas à notre panier, mais au restaurant. C'est moi qui paye.

Il insista tellement que je dus accepter. Nous sortîmes du dépôt frais comme des coqs, sans oublier toutefois d'aller prendre l'apéritif chez la Bougnate. Celui que j'avais pris pour un ours n'arrêta pas de parler de toute la soirée. Nous nous étions trompés l'un sur l'autre, et à présent nous étions deux amis. Après un bon dîner rue de la Gaîté, nous fîmes la tournée des grands ducs jusqu'à une heure du matin.

Le lendemain soir, en déposant ses graphiques et ses bulletins de traction chez le chef de feuille, il lui dit en me désignant :

— Si un jour je perds mon compagnon, je vous demanderai celui-ci.

— Ce n'était vraiment pas la peine de faire la comédie hier à son sujet.

— Oui, oui, je reconnais que j'ai eu tort.

Malheureusement, je n'eus pas l'occasion de rouler avec lui par la suite. Je restai pendant un certain temps au service facultatif, jusqu'à ce qu'un chauffeur libère sa place en devenant à son tour élève-mécanicien. Je tombai alors sur un compagnon exceptionnel, un ancien manœuvre de quarante-cinq ans qui était monté grâce à son mérite. Il aimait sortir, il était jovial et bon vivant, bref un peu mon genre.

Notre service régulier commençait à quatre heures du matin avec le train express Paris-Les Sables-d'Olonne, au départ de Thouars. Nous prenions notre repos dans cette belle station balnéaire, avant de repartir le soir à la tête de l'express Les Sables-Paris. Nous nous arrêtions au dépôt de Thouars pour charger la machine, et de là nous emmenions l'express Paris-La Rochelle, en passant par Bressuire et Fontenay-le-Comte. C'étaient donc deux nuits très dures, car le profil de la ligne des Sables n'est pas coulant. De plus, nous avions une 2-3-0-800, une machine qui a enterré bien des chauffeurs avant leur retraite.

Au début, je sentis qu'il était inquiet, parce qu'il ne me connaissait pas. Il craignait visiblement d'être obligé de prendre la pelle sur un train express, et en pleine nuit!

— Je connais ces machines, dis-je pour le rassurer. J'ai été titulaire au service des 800 à Saintes. Tu verras, ça va gazer.

Tout au long de notre premier parcours, il ne cessa de me faire des compliments.

— Je te garde avec moi. Aussitôt rentré à Thouars, je te demande officiellement par une lettre.

Le jour se levait lorsque nous arrivâmes aux Sables. En entrant dans la gare, il siffla longuement.

— Viens voir, me dit-il.

Je passai de son côté, pour apercevoir une fenêtre qui s'ouvrait et quatre bras nus qui s'agitaient. Des bras de femmes! Au-dessous de la fenêtre, on pouvait lire sur une pancarte : *Café des Cheminots.*

Avant même de mettre le feu en réserve et d'approcher du charbon pour le soir, je dus le suivre au café. Une ravissante jeune femme d'environ vingt-cinq ans nous accueillit. Plutôt petite, elle avait les yeux bleus et de beaux cheveux bruns. Elle ressemblait étrangement à l'actrice de cinématographe du moment, Louise Carletti. Mon compagnon me présenta :

— Tu vois, Alice, j'ai un nouveau compagnon tout neuf. Il vient de Saintes. Je vais demander à le garder.

— Excusez-moi, me dit-elle, je n'ai pas encore fait ma toilette. Je viens de me lever pour vous faire chauffer du café.

— Vous ne pouvez pas être plus belle que maintenant.

— Merci, me répondit-elle en baissant les yeux.

Mon compagnon me raconta son histoire durant notre travail au dépôt :

— Elle est devenue veuve à vingt-quatre ans, mais elle a quand même voulu continuer à exploiter ce café. Elle travaille beaucoup. La traction, l'exploitation, et même ceux du petit train de Vendée à voie étroite y viennent tous les jours. Elle gagnerait de l'argent si tous les clients étaient consciencieux, mais il y en a beaucoup qui profitent d'elle. Ils ne payent pas. Elle a un faible pour les gueules noires, et elle finira malheureuse.

Cette prédiction s'avéra juste, car elle « mangea la ferme » jusqu'au dernier sou, comme on dit. Il m'apprit également que l'autre paire de bras aperçue le matin appartenait à une voisine, dont le mari s'absentait fréquemment, et qui venait alors coucher chez notre hôtesse. Le coup de sifflet à l'arrivée des Sables devint une habitude, ainsi que les grands saluts des deux belles.

Il y avait toujours du monde dans le bistrot, et comme notre petit sosie de Louise Carletti chantait divinement, nous ne nous privions pas de lui faire exercer ses talents.

Un samedi de juillet, on nous avisa officiellement qu'au retour, nous aurions dans notre train la voiture du directeur général. Dautry se trouvait à La Meilleraie pour visiter la colonie de vacances, et il devait repartir de La Roche-sur-Yon le lendemain dans la soirée.

Le dimanche matin, aux Sables, un homme en blouse noire qu'il me semblait connaître me rejoignit près de la machine. C'était Raynaud, le mécanicien avec lequel, six ans plut tôt, j'étais monté pour la première fois sur une locomotive sous pression, avant de faire les navettes Montrouge-Montparnasse de triste mémoire. Entre-temps, il était monté en grade et devenu chef mécanicien du dépôt de Thouars. Il me reconnut aussitôt :

— Je suis là pour vous accompagner ce soir sur l'express Les Sables-Thouars, comme à chaque déplacement ferroviaire du directeur.

Mon compagnon, qui venait de se lever, arriva sur ces entrefaites.

— Où mangez-vous ce midi? nous demanda Raynaud. Au corps de garde?

Comme nous gardions un silence gêné, il ajouta :

— Dites au café des Cheminots de mettre un couvert de plus.

Nous allâmes aussitôt prévenir Alice qu'un « intellectuel » déjeunerait avec nous. Elle nous accompagna au marché, tandis que Jeanne, la charmante voisine, la remplaçait, car un tel convive nous imposait de préparer un repas succulent. Il est inutile de préciser que les fruits de mer ne furent pas oubliés! À midi, nous nous tenions tous les cinq à cinquante centimètres de la table, bien décidés à ne pas nous arrêter avant que nos ventres en touchent le bord. Les deux Sablaises, plus belles que jamais, paraissaient très heureuses de déjeuner en compagnie de « chevaliers du rail ». Après le café, mes deux compagnons allèrent faire la sieste en prévision de la nuit qui les attendait. Quant à moi, l'homme de peine, je rejoignis ma machine pour faire la cale du tender. Je cassai quatre-vingts briquettes et les mélangeai avec du gros charbon de bonne qualité, parce que le train serait dur à remorquer, et que nous aurions notre chef suprême à bord. Je brassai encore trois tonnes de charbon pour être prêt à toute éventualité. Il faisait trente degrés à l'ombre, je ruisselais de sueur, et il fallait encore nettoyer la machine! La chaudière étant sous pression, elle dégageait une chaleur insupportable, néanmoins, je passai dessus un mélange de suif et de cire pour la faire briller. Enfin, j'astiquai les cercles de cuivre avec du Miror.

En trouvant à son réveil une machine impeccable, Raynaud me dit :

— Je te félicite, bien que tu m'aies empêché de dormir en cassant tes briquettes. Viens, je te paye l'apéritif, tu l'as bien mérité.

C'était vraiment une bonne idée, car j'avais une soif de lionne!

Avant le départ, Alice nous prépara comme de coutume trois bouteilles d'eau glacée avec un verre de Pernod. Nous les mettions dans un seau en toile plein d'eau et de glaçons, que nous accrochions à l'ombre du tender. Le lourd convoi s'ébranla, et le mécanicien donna un coup de sifflet pour remercier ces adorables créatures de nous avoir fait passer une si bonne journée. Les mains s'agitèrent de part et d'autre jusqu'à la disparition du train. Déjà la machine tirait à plein collier, et l'escarbille incandescente qui sortait de la cheminée créait un véritable feu d'artifice dans le ciel étoilé.

À la Roche-sur-Yon, pendant que le tender se remplissait d'eau, le directeur général vint nous serrer la main comme il en avait l'habitude, puis il fit le tour de la machine. Après avoir constaté qu'elle était propre, il regagna son wagon où l'attendaient les chefs de service. À Thouars, notre machine fut dételée et remplacée par une puissante Pacific. Dautry assista avec intérêt à l'échange de locomotives, car il était cheminot dans toute l'acceptation du mot.

Les surveillants du dépôt tournèrent notre 2-3-0-800 dans la direction de Bressuire et la laissèrent à la prise d'eau sur une voie de sortie, parce que nous repartions sur La Rochelle vers trois heures. Entre-temps, chacun rentra chez soi. Bien qu'il soit minuit, Antoinette m'attendait. Je mangeai un morceau pendant qu'elle me préparait un panier pour les prochaines vingt-quatre heures, puis je m'assoupis une heure la tête appuyée sur la table. Antoinette ne voulait pas se coucher tant que je n'étais pas reparti. Elle me fit chauffer un bon café très fort, et nous nous séparâmes. Il me restait à basculer les scories, vider les cendriers, prendre de l'eau et monter le feu avant le départ sur La Rochelle.

Notre roulement se poursuivait dans de très bonnes conditions, lorsqu'un jour mon ami eut de graves ennuis. Il avait en effet réussi à séduire Jeanne, la belle voisine d'Alice dont le mari n'était jamais là, et comme toujours dans ces cas-là, il s'était trouvé une âme charitable pour informer sa femme de cette liaison. Celle-ci avait alors écrit à Raoul Dautry, qui ne négligeait aucun aspect de la vie des chemins de fer... Le coupable fut convoqué à Paris, sermonné, et il reçut l'ordre de ne plus retourner aux Sables-d'Olonne. Aucune punition ne fut retenue puisqu'il n'avait pas commis de faute professionnelle.

La direction lui enleva sa machine et l'affecta au service de Tours sur une 2-3-0-300. Sans me prévenir, il demanda à conserver son chauffeur. Sa requête fut acceptée. Cela ne faisait pas mon affaire, car ce nouveau service était beaucoup moins rémunérateur. De plus, mes chefs directs m'en voulaient un peu : ils croyaient que j'étais d'accord pour rester avec lui, alors que je n'avais même pas été consulté. Malgré tout, il faut reconnaître que ce nouveau roulement était plus humain que le précédent. Au bout de quelques mois, le moral de mon compagnon, qui avait été très affecté par son retrait de la ligne des Sables, s'améliora.

À partir du 1er janvier 1936, le Réseau de l'État entreprit d'électrifier la ligne Chartres-Le Mans. Il eut donc besoin d'un grand nombre de trains de travaux, surtout pour la pose des caténaires. Pour renforcer le personnel du dépôt de Chartres, on dut faire appel à des chauffeurs autorisés et à des élèves-mécaniciens de Thouars. C'est ainsi que je passai le mois de janvier au dépôt de La Loupe, situé entre Chartres et Le Mans. Les trains de travaux étaient un service à vivre cent ans! Mon compagnon et moi avions trouvé un vieux ballon rond et, malgré sa forme, nous profitions des coupures pour pratiquer des phases de rugby. Nous donnions des coups de pied pour le rattraper de volée, ou bien nous nous faisions des passes en courant.

Un jour, nous avions garé notre TP pour laisser passer une rafale de rapides, d'express, de messageries et de marchandises, et nous nous amusions follement avec notre ballon, quand tout à coup trois beaux hommes bien habillés se dirigèrent vers nous. L'un d'entre eux se détacha pour se présenter à moi :

— Je suis le membre traction du trinôme.

Le trinôme était un groupe de trois inspecteurs représentant l'exploitation, la traction et la voie. On les craignait beaucoup parce qu'ils arrivaient incognito et ne faisaient pas de cadeau.

— C'est bien beau de vous amuser au rugby, me dit l'inspecteur, mais avez-vous pris les précautions nécessaires avant d'abandonner votre machine? Voyons, venez avec moi.

Les purgeurs étaient ouverts, la marche au point mort, le frein du tender serré, le tube à niveau d'eau aux trois quarts plein et la pression à douze kilos.

— Bien, c'est parfait. Mais les roues motrices ne sont pas calées.

— Je n'ai pas de cales, répondis-je, et de toute façon la machine ne risque pas de partir toute seule.

— C'est le règlement, me dit-il en riant. D'après ce que je vois, tu es un ancien joueur de rugby?

— C'est exact.

— Moi aussi. J'ai joué à Toulon. J'occupais le poste de pilier de mêlée.

Cette précision était inutile : il devait peser cent kilos pour un mètre quatre-vingts. Il avait un torse énorme et pas de cou. Impossible de le guillotiner, celui-là, si par malheur il avait été condamné à mort! Nous bavardâmes un bon moment de notre passion commune, puis il me serra la main et rejoignit ses collègues. Je devais le retrouver inspecteur au dépôt de Saintes durant la guerre.

Le 1er février, je rejoignis mon dépôt d'attache pour reprendre mon service sur Tours en compagnie de mon ancien compagnon. À mon arrivée, je me présentai au chef de feuille, un jeune ingénieur des Arts et Métiers qui était lui aussi originaire de Saintes, et dont le père avait été mécanicien.

— Il faut que tu ailles voir le patron immédiatement, me dit-il.

— Pour quelle raison? demandai-je plutôt surpris.

— Tu verras bien. Allez, il t'attend.

J'entrai dans le bureau du chef de dépôt, que je ne connaissais pas encore, car il était nouveau. C'était un homme calme, pondéré et assez distant : à la différence des autres responsables, il ne tutoyait pas les agents.

— Péroche, me dit-il en entrant tout de suite dans le vif du sujet, vous assurerez le service des 1-4-1-000 sur Chartres.

J'ouvris de grands yeux quand il m'annonça qui serait mon nouveau mécanicien. Cet agent venait de se rendre tristement célèbre; pour cette raison, je taierai son nom. Très porté sur la boisson, il était parti ivre mort en tête de l'express La Rochelle-Thouars, et son état était tel qu'il avait dû s'arrêter en route pour faire une demande de réserve. Une équipe traction avait pris un taxi jusqu'à Velluire et avait ramené le train avec un retard considérable.

— Non, monsieur, répondis-je. Puisque j'ai été désigné par la direction pour assurer le service de Tours, je continuerai.

— Je vous ai donné un ordre. Vous saurez qu'ici c'est moi qui commande!

— Vous ne pouvez pas m'imposer un compagnon. C'est statutaire.

Il prit quelques instants de réflexion et se radoucit.

— Oui, je le sais. Je vais vous dire franchement les raisons qui me poussent à vous affecter à ce service. Vous savez le coup dur qui est arrivé à ce mécanicien. Il a eu le blâme du directeur et dernier avertissement, et il a été descendu trois mois des machines. Normalement, il aurait dû être révoqué, mais il est soutenu en haut lieu. Il a peut-être des appuis politiques, je n'en sais rien. Toujours est-il que j'ai reçu une note de Paris qui stipule de le remettre dans le même service avec sa machine, et de désigner un chauffeur. C'est ce qui me conduit à prendre mes responsabilités en vous choisissant.

— C'est un cadeau empoisonné que vous m'offrez, après ce qu'il a fait.

— Écoutez, Péroche, je compte sur vous pour le tenir.

J'hésitai un moment. Il me suffisait d'écrire une lettre de refus, mais j'avais l'impression que ce geste aurait été grave.

— Très bien, j'accepte.

— Vous ne le regretterez pas. Si ça marche bien jusqu'au levage de sa machine, j'en tiendrai compte pour vos notes, et surtout pour vous accrocher au tableau d'avancement des élèves mécaniciens.

Ce ne fut pas un marché de dupes; aujourd'hui je peux affirmer que je fis ce jour-là la plus belle affaire de ma carrière.

J'eus beaucoup de peine en quittant mon ancien compagnon, parce que j'avais de l'estime et de l'amitié pour lui. Quelques années plus tard, il devait connaître une fin tragique. Il assurait un express Tours-Thouars avec sa 2-3-0-300, lorsque des difficultés se présentèrent : l'aiguille du manomètre de pression accusait un kilo au-dessous du timbre, et l'alimentation en eau marchait mal. Était-ce la faute du chauffeur, ou bien le charbon était-il de mauvaise qualité, on ne le sut jamais. D'après l'enquête, mon ami demanda à son compagnon de monter sur le tender, car les briquettes se trouvaient toujours au-dessus du charbon, et d'en envoyer une vingtaine pour remonter le feu. Le chauffeur refusa catégoriquement, car le règlement interdisait de grimper sur le tender lorsque le train roulait. Mon ancien collègue prit alors la décision d'aller chercher lui-même les briquettes, par conscience professionnelle. Il dut se redresser sur le tender, et il fut décapité par un pont. Ce vieux roulant payait de sa vie un acte qu'il savait défendu, laissant une femme et deux enfants. Et pourtant, quel est le chauffeur qui n'est jamais monté sur un tender en marche pour assurer le bon fonctionnement du train? Moi, je l'ai fait au moins dix fois.

Le lendemain de mon entrevue avec le chef de dépôt, je montai sur ma nouvelle machine. Je connaissais déjà un peu le mécanicien, mais comme il avait au moins quarante-cinq ans, c'est-à-dire quinze de plus que moi, je le vouvoyai lorsqu'il me rejoignit.

— Il n'y a pas de vous sur les machines, me dit-il. Nous sommes là-dessus pour le meilleur comme pour le pire. Nous nous tutoierons.

C'était un homme jovial, un excellent mécanicien et l'un des meilleurs marcheurs que j'ai connus. Il ne lui manquait que le sérieux pour être au service Pacific, mais il était malheureusement insolent comme un page de cour.

En arrivant à Chartres dans l'après-midi, nous allâmes à l'abreuvoir. Comme nous retournions manger au dépôt après avoir bu un verre, il me dit :

— Tiens, on va aller dans ce petit bistrot. Il y a une fille superbe.

— Non, nous allons déjeuner, répondis-je fermement.

— Tu as raison, je te suis.

Durant les trois mois où nous sommes restés ensemble, j'ai toujours réussi à le tenir. Il me suffisait de lui dire :

— C'est assez.

Invariablement, il me répondait :

— Tu as raison.

Il se rappelait trop bien par où il était passé.

Le chef de dépôt venait souvent nous voir quand nous étions autour de la machine. Il serrait la main du mécanicien et lui demandait comment ça allait, puis il se tournait vers moi :

— Je suis content de vous, tous les deux. Vous faites un excellent service sur Chartres. Continuez. Péroche, je tiendrai parole.

Un matin de mai 1936, nous conduisîmes la machine à Rennes pour la faire passer au levage. Nous comptions revenir en voyageurs, car il fallait voter en rentrant, mais on nous commanda pour ramener une Pacific à Thouars. Nous effectuâmes ce parcours en marche rapide, sans traîner dans les gares, afin d'être présents au bureau de vote avant la clôture du scrutin. C'étaient les fameuses élections qui amenèrent au pouvoir le Front populaire, et qui provoquèrent l'euphorie en France, du côté de la classe ouvrière, bien sûr.

Avec ce nouveau gouvernement, le rêve allait devenir réalité. Pour la première fois dans l'Histoire, les travailleurs allaient pouvoir se reposer quelques jours tout en étant payés. Les cheminots, qui comme les employés de toutes les administrations avaient déjà des congés, les virent passer de quinze à vingt-et-un jours. De même, la carte de circulation à 90 % et les permis gratuits firent place à la carte gratuite sur tous les réseaux. À la fin de 1936, la semaine de quarante heures allait même entrer en application.

Le lendemain des élections, le chef de dépôt m'affecta au service Pacific sur Paris. Pendant quelque temps, j'allai avec les uns et les autres, jusqu'au jour où un vieux Pacificard me proposa de remplacer son chauffeur, qui venait d'être nommé élève.

— Petit, voudrais-tu venir avec moi? J'ai une machine qui va bien, et je suis en service régulier.

Après avoir attendu plus d'un an, j'entrais de plain-pied dans le grand service.

Le grand service

Henri IV était un personnage de légende. Ancien combattant de la Grande Guerre, il avait été le porte-drapeau du général Gouraud, qui en 1936 était gouverneur de la place de Paris. Il portait un bouc blond et une casquette de marin, et ses yeux bleus inspiraient confiance. Sa ressemblance avec le célèbre roi était si étrange que personne ne l'appelait par son nom véritable, pas même ses chefs. Ardent patriote et grand cheminot, il faisait passer le devoir avant tout; en revanche, c'était une véritable soupe au lait, au tempérament coléreux et vif comme la poudre. Ces petits défauts n'altéraient d'ailleurs en rien ses immenses qualités humaines.

Il existait alors deux roulements au service d'été. Le premier était celui des Willotos, des Pacifics dont la distribution avait été modifiée, surtout à la basse pression, et qui disposaient ainsi d'une plus grande liberté d'allure. On les appelait les « putains », parce qu'elles n'avaient pas de mécaniciens titulaires. Elles étaient utilisées par le service association, et tous les jours elles changeaient d'équipe, ce qui supprimait les temps morts. Mais elles tournaient tellement qu'en fin de compte, on se demandait si les économies réalisées n'étaient pas compromises par les énormes réparations nécessaires après le service d'été.

Henri IV et moi étions au deuxième roulement, celui des Pacifics titularisées. C'était un service démentiel, qui nous faisait parcourir près de neuf mille kilomètres par mois. Pendant deux décades, nous assurions des trains de nuit sur Paris : messageries, trains postaux et de bestiaux; nous terminions par deux express de jour sur Bordeaux. Les deux décades suivantes étaient consacrées aux rapides Paris-Royan, puis de nouveau nous repassions au service de nuit sur Paris. Notre Pacific 2-3-1-608 était bien entretenue, elle gazait parfaitement, mais il fallait souvent avoir recours au grand régulateur, car elle était un peu molle dans les rampes. Nous gagnions bien notre vie, et les économies de charbon donnaient droit à de bonnes primes traction, mais le travail était très dur.

Je crois que le plus terrible, c'était la première journée du roulement, quand nous sortions de repos. La prise de service se faisait à douze heures, et jusqu'à dix-neuf heures nous assurions la réserve, c'est-à-dire que nous nous tenions prêts pour le cas où une machine aurait été défaillante juste avant le départ. Nous profitions de ces heures d'attente sur la voie de réserve pour astiquer notre Pacific; les équipes qui négligeaient l'entretien étaient en effet automatiquement relevées du grand service.

En plein soleil, alors que la locomotive était sous pression, je passais un mélange de suif et de cire sur la chaudière, puis je polissais les cercles. C'était intenable, et souvent je perdais deux ou trois litres de sueur. Pendant ce temps, Henri IV nettoyait ses bielles; bien sûr c'était moins dur, mais autrefois, avant d'être mécanicien, il avait connu les mêmes souffrances.

À dix-neuf heures, nous étions relevés à la réserve par une autre équipe. Comme nous n'habitions pas loin du dépôt, ma femme venait me chercher, et nous allions prendre l'apéritif pour nous remonter le moral avant de rentrer manger à la maison. Vers vingt heures quarante, je retournais au dépôt. À l'époque, la mode était aux paniers noirs en osier, qu'on appelait des couffins, et qui servaient à transporter des volatiles. Les deux anses permettaient de se les mettre au bras, et ils étaient assez grands pour accueillir une bouteille carrée d'un litre. Bien sûr, cela faisait paysan, et j'entendais quelquefois en traversant la ville :

— Tiens, ça, c'est une gueule noire!

Les conducteurs électriciens et les agents de train portaient des sacs en cuir, beaucoup plus élégants; il est vrai qu'eux n'étaient pas des gueules noires.

Je marchais de la rue Porte-de-Paris jusqu'à la gare, en passant par la place Laveau. Les gens se promenaient, les uns prenant le frais, les autres se rendant doucement au cinématographe, au théâtre, ou encore à la musique municipale. Il m'arrivait de les envier, mais je me faisais une raison : j'avais choisi ce métier, et je l'aimais.

En arrivant au dépôt, j'engloutissais dans le foyer soixante à quatre-vingts briquettes de douze kilos pour monter mon feu. Je les disposais vivantes ou bien cassées en deux sur un dessus de feu étalé, qui provenait de la réserve prévue à cet effet. La machine montait lentement en pression, sans que les soupapes de sûreté se soulèvent; si cela s'était produit en gare, nous aurions été sanctionnés par une retenue sur nos primes traction.

Ensuite, c'était la mise en tête du train qui arrivait du sud-ouest, l'essai de continuité du frein, et le départ pour Paris. Le profil est coulant jusqu'à l'arrêt de Saumur, situé à trente kilomètres. Les soupapes frisaient, et parfois même se soulevaient, mais nous étions en pleine nature. Entre Saumur et Château-du-Loir, où nous prenions de l'eau, le parcours est plus accidenté, mais il ne comporte aucune rampe notoire. La voie monte ensuite légèrement, et pour conserver la vitesse limite de la ligne, il fallait en principe ouvrir le grand régulateur. La dépense d'eau augmentait, et le chauffeur devait charger plus fréquemment le foyer, souvent même recourir au crochet. Aussitôt après la gare de Sargé-sur-Braye, que nous traversions à 90 kilomètres à l'heure, nous attaquions une rampe de 10 %, longue d'une bonne douzaine de kilomètres. Il fallait absolument que la pression reste bien au timbre du manomètre et que le tube soit au minimum à moitié plein. La vitesse du train tombait à cinquante kilomètres à l'heure, compte tenu des 550 tonnes remorquées. Henri IV allongeait la marche; l'admission de la vapeur venait en pleine puissance sur la face des pistons, et l'escarbille sortait de la cheminée, illuminant la nuit.

Comme la rampe était en ligne droite, et que par temps clair on pouvait observer tous les signaux, mon compagnon en profitait pour prendre une petite coupure. Il ne dormait pas, mais ses paupières s'abaissaient; parfois sa tête faisait de même, mais elle se redressait immédiatement. Disons qu'il se laissait un peu aller, tout en gardant la main sur la commande de la sablière, pour le cas où la machine se serait mise à patiner. Pour ma part, je ne risquais pas de m'endormir : je gardais un œil sur les signaux tout en enfournant des pelletées dans le foyer. La pompe d'alimentation fonctionnait à plein rendement, et je n'économisais pas les coups de crochet.

En atteignant le sommet de la rampe, à Boursay-Saint-Agil, Henri IV ramenait l'admission de quarante à soixante degrés comme un véritable automate. La machine prenait de la vitesse, et nous passions du grand au petit régulateur dans la descente sur Courtalain et sur la Beauce.

— Henri IV, il ne faut pas dormir! lui disais-je.

Le vieux soldat prenait alors un air vexé :

— Je ne dors pas, mon drôle, répondait-il en dressant la tête, le bouc en avant.

Puis il attrapait la trotteuse de café, maintenue au chaud derrière les prises de vapeur, et nous en buvions chacun un quart. Ce n'était pas un café de bonne sœur, car il était copieusement arrosé de rhum ou de calva, suivant les circonstances.

En gare de Chartres, une équipe traction nous attendait pour faire le plein d'eau et nous rapprocher du charbon. La prise d'eau étant située en face du buffet, nous allions en vitesse prendre un café, sauf lorsque nous remorquions un train de voyageurs, car les inspecteurs y étaient nombreux; la peur du gendarme est le commencement de la sagesse! Il ne nous restait plus alors qu'à filer jusqu'à Paris; les agents des PTT prenaient leurs wagons à Montparnasse, et nous emmenions les autres à la gare de Vaugirard.

Nous rentrions ensuite au dépôt, où un agent mettait normalement notre feu en réserve. En principe je le faisais moi-même, car j'avais assez de ressources pour effectuer ce travail; par contre je lui laissais vider la boîte à fumée. Lorsque nous arrivions au corps de garde pour nous nettoyer, il était autour de cinq heures trente. Nous mangions un morceau, puis nous allions boire un café bien gagné chez la Bougnate. Enfin, vingt et une heures après avoir embauché, nous nous couchions dans les draps que nous avions apportés.

Il était impossible de dormir après dix heures à cause des machines, des coups de sifflet et des compresseurs. Nous mettions alors nos beaux bleus propres, et dans cette tenue de sortie nous allions prendre l'apéritif. Après avoir déjeuné bien tranquillement, nous prenions la navette Montrouge-Montparnasse, et pendant quelques heures nous nous promenions dans Paris. Mon sénateur était comme moi : il avait un tempérament nerveux, et il n'avait aucune envie de passer l'après-midi au lit.

À dix-huit heures, nous regagnions le dépôt pour mettre nos bleus de travail. Henri IV graissait sa machine et nettoyait ses bielles, tandis que je préparais mes briquettes et que je passais du Miror sur les cuivres. La pression montait doucement pendant notre dîner, et c'était le départ à la tête d'un train postal intitulé « train avion ». Nous devions tenir une marche extrêmement serrée, à 120 kilomètres à l'heure, jusqu'à Chartres. Là, notre machine était dételée et relevée par une puissante Mountain, qui prenait la direction de la Bretagne. À deux heures, nous repartions sur Thouars avec un train de messageries et de denrées. Nous n'étions pas à la maison avant huit heures, et le lendemain il fallait reprendre le chemin de Paris à vingt-deux heures trente.

En comparaison, le service des deux décades suivantes était agréable : il avait lieu de jour sur le parcours Paris-Royan. Cependant, nous devions marcher continuellement à la vitesse limite de la ligne, et j'avais à peine le temps de faire bonjour aux gardes-barrières, aux jolies bien sûr! A l'aller comme au retour, un seul arrêt était prévu : celui de Saumur. Comme il était impensable de faire trois cents kilomètres avec un tender de vingt-deux mètres cubes, nous complétions à deux reprises le remplissage en cours de route. Les bacs avaient une longueur approximative de huit cents mètres, une largeur de quatre-vingts centimètres et une profondeur de douze à quinze centimètres. Ils étaient alimentés par une concession d'eau qui les remplissait automatiquement après le passage de chaque train. Un kilomètre avant, une énorme pancarte BAC indiquait au mécanicien qu'il devait réduire sa vitesse entre 50 et 80 kilomètres à l'heure, et enlever la goupille de la commande de l'écope. Il s'agissait d'un appareil de cuivre rouge, en forme de bec, situé sous le tender. Aussitôt passé la pancarte Z, qui signifiait « zone », les deux compagnons actionnaient le levier sur le tender. L'écope s'abaissait et plongeait dans le bac. Grâce à la vitesse du train, l'eau montait alors dans le tender, qui se remplissait en quelques secondes. Il convenait alors de remonter l'écope, pour ne pas risquer un débordement de l'eau par le trou d'homme, et de remettre la goupille.

C'est sur un de ces trains Royan-Paris que j'ai connu la journée la plus terrible de toute ma carrière de chauffeur. Il faut savoir qu'à l'époque le chemin de fer utilisait différentes qualités de charbon. Le meilleur était réservé aux rapides et aux express, tandis que les omnibus et les trains de marchandises devaient brûler du standard, une espèce de poussier composé de 60 % de bon et de 40 % de mauvais. Il en était de même pour les briquettes, les meilleures marques étant Aniche et AZ.

Un soir, en revenant d'assurer un train avec notre machine titulaire 2-3-1-608, nous chargeâmes six tonnes de charbon et deux tonnes de briquettes pour le lendemain : nous devions remorquer le Royan-Paris 778 à partir de Thouars. Comme prévu, le charbon était du tout-venant, une variété dans laquelle il fallait casser beaucoup de mottes, mais qui était de toute première qualité. Par contre, nous fûmes stupéfaits en voyant les briquettes qu'on nous avait données : au lieu des Aniche ou des AZ escomptées, nous avions chargé des Aiagle, une marque qui ne valait pas cher.

— Nous allons avoir des ennuis avec cette briquette, dis-je à mon compagnon.

Mais Henri IV n'aimait pas les histoires, et il répugnait à alerter un sous-chef de dépôt.

— T'en fais pas, mon drôle, la machine gaze bien, et le charbon est bon. La briquette, même qu'elle soit pas fameuse, brûlera aussi.

Il n'empêche que je restai sceptique et inquiet, car les trains de Royan n'étaient pas faciles. Le lendemain, en montant mon feu, je ne fus vraiment pas rassuré : cette briquette n'avait pas le grain brillant des autres marques, elle s'écrasait au lieu de se casser sous les coups de marteau, et la couleur de sa flamme n'était pas blanche, mais plutôt rouge. Je sentais qu'elle donnait moins de calories, et je dus me servir du souffleur pour monter la machine en pression.

Les ennuis commencèrent après la prise d'eau de Saumur. J'avais beau utiliser le crochet, la machine ne gazait pas comme d'habitude, et l'aiguille du manomètre de pression tenait difficilement au timbre. Il n'y avait déjà plus que trois centimètres d'eau dans le tube à niveau, alors qu'habituellement il était aux trois quarts plein. Je voyais bien que le bouc était inquiet. De surcroît, il faisait ce jour-là environ trente degrés à l'ombre, et les trois litres d'eau coupés de café que nous avions accrochés au tender n'allaient pas être de trop; en principe, mon compagnon en buvait un, et moi les deux autres.

Nous passâmes à l'heure à Sargé-sur-Braye, mais avec seulement deux centimètres d'eau dans le tube pour attaquer la longue rampe de 10 %. Henri IV donna un peu plus d'échappement, mais sans exagérer pour ne pas risquer de brider l'allure de la machine. J'étais trempé de sueur à force de donner des coups de crochet, et la buée déposée sur les verres de mes lunettes m'obligea à les retirer. Il fallait se rendre à l'évidence : le feu était collé. Cette briquette infecte avait formé du mâchefer, et celui-ci avait coulé dans le barrage du foyer. Je pouvais toujours m'escrimer, il n'y avait plus assez d'air pour activer le feu. Allions-nous être contraints de nous arrêter pour faire de l'eau et du gaz? Ce train de prestige, orgueil de notre Réseau, allait-il prendre du retard?

Soudain, j'eus l'idée de décoller le mâchefer pour laisser passer l'air. Plusieurs fois déjà, j'avais actionné la commande des secouettes des barreaux de grille, en vain : le mâchefer se soulevait sans se décoller. Il ne restait que la grosse barre à mine de trois centimètres de diamètre, au bout aplati, qui était utilisée par les poseurs du service de la voie. J'allai la chercher sur le tender et demandai de l'aide à Henri IV. Nous plongeâmes la barre dans le foyer, et nous nous mîmes à donner des coups de toutes nos forces, afin de découper le mâchefer mou. Une fois le barrage percé, nous soulevâmes cette masse incandescente, en prenant appui sur les rebords du gueulard du foyer. Tout au long de l'opération, Henri IV n'avait pas quitté les signaux des yeux, car les gares et les postes intermédiaires de cantonnement défilaient rapidement.

L'air passait mieux. Le feu blanchit, et l'aiguille du manomètre resta au timbre. En passant à Illiers, nous prîmes de l'eau dans les bacs pour la deuxième fois, ce qui nous permit d'augmenter d'un ou deux centimètres le niveau du tube. Comme j'avais déjà bu mes deux bouteilles, le bouc me donna ce qui restait dans la sienne, mais cela ne suffit pas à apaiser ma soif.

Nous ralentîmes pour traverser la gare de Chartres. Le régulateur était aux trois quarts fermé; le manomètre de basse pression accusait un kilo, celui de la haute pression sept à huit kilos. J'ouvris le souffleur en grand et donnai des coups de crochet. À la sortie de Chartres, Henri IV passa au grand régulateur pour relancer son train à plus de cent kilomètres à l'heure. L'admission monta à trois kilos pour la basse pression, et à quatorze ou quinze pour la haute. Il n'y avait plus que deux doigts d'eau dans le tube.

Je forçai alors la pompe d'alimentation, mais l'aiguille du manomètre décolla du timbre : le feu n'en voulait plus. Je regardai l'ancien porte-drapeau du général Gouraud, dont les yeux bleus brillaient derrière les lunettes; je voyais bien qu'il souffrait moralement. Je lui montrai la barre à mine, et aussitôt, comme deux forcenés, nous répétâmes l'opération. La chaleur était si épouvantable qu'elle brûlait les poils de nos bras. Lorsque nous sortîmes la barre à mine, elle avait pris une couleur jaune pâle; quelques secondes de plus, et elle aurait fondu!

L'aiguille restait au timbre, mais l'eau avait disparu du tube. Nous en étions arrivés au stade où il ne reste plus qu'à décoincer les trois robinets de jauge. J'étais au bout du rouleau. Ma soif était si terrible que je m'approchai d'un des robinets de jauge pour boire l'eau du tender. En voyant cela, Henri IV se précipita pour me ceinturer.

— Non, jamais ça!

Je savais parfaitement que cette eau contenait un acide très puissant pour désintégrer le calcaire nuisible aux chaudières, mais la fournaise était accablante. Je réussis enfin à me dominer, et mon compagnon put rejoindre son poste. Pendant ce temps, le train fantôme poursuivait son chemin vers Paris, sans que les voyageurs aient le moindre soupçon du drame qui se déroulait sur la locomotive.

L'eau n'arrivait plus au premier robinet, qui laissait sortir de la vapeur sèche. Il ne restait donc plus que quelques centimètres de liquide sur les plombs de sécurité. Nous risquions le tout pour le tout dans une lutte à mort. Nous n'avions plus figure humaine : seul le blanc des yeux et des dents ressortait de nos visages totalement noirs. Deux diables se débattaient dans un bénitier, afin de conserver l'eau et le gaz qui leur permettraient d'arriver à l'heure à Paris.

Nous passâmes Trappes à 120 kilomètres à l'heure, puis ralentîmes de moitié pour traverser la gare de Versailles. J'en profitai pour accélérer la pompe. Nous reprîmes aussitôt la vitesse limite de la ligne. Le viaduc de Meudon apparut; la capitale s'étalait devant nous, et la tour Eiffel dressait sa tête majestueuse dans un ciel d'azur. Le train passa Clamart, Vanves, Malakoff et Ouest-Ceinture à 120 kilomètres à l'heure. L'eau n'arrivait plus au deuxième robinet de jauge, et le troisième donnait un mélange d'eau et de vapeur. Nous étions à la limite de la fonte des plombs.

— Allez petit! hurla mon compagnon. L'injecteur et la pompe en grand! Le train est à nous!

Il commença à freiner doucement tout en maintenant le régulateur ouvert, afin de garder l'eau sur le ciel du foyer. Le règlement prescrivait qu'une locomotive devait aborder le quai d'une gare d'arrêt général à six kilomètres à l'heure. Ce jour-là nous arrivâmes à quinze kilomètres à l'heure, mais il valait mieux risquer un relevé de la bande Flaman que la fonte des plombs. Enfin, la machine vint crever sur le butoir de la gare Montparnasse. Nous avions un centimètre d'eau dans le tube et six kilos de pression au manomètre, mais le train était à l'heure. L'honneur était sauf.

Je sautai de la locomotive sans passer par les marchepieds, bondis sur mon panier, et commençai à boire mon litre de vin rouge comme une bête.

— Assez! Arrête! dit mon compagnon qui m'avait suivi.

Il m'enleva la bouteille des mains, et avala à son tour le quart de litre que j'avais laissé.

Le flot des voyageurs déferlait vers la sortie. Ils paraissaient impressionnés par le monstre d'acier, et jetaient parfois un coup d'œil furtif aux deux nègres qui l'avaient conduit à bon port. J'étais assis sur le coffre à huile du tender, la tête entre les mains pour atténuer le bourdonnement de mes oreilles. J'étais à l'extrême limite de la résistance physique.

— Il ne faut pas s'aimer pour exercer un métier pareil, dis-je à voix basse.

Le profane se demandera pourquoi ce jour-là nous ne nous sommes pas arrêtés dans une gare de sécurité. Les voyageurs auraient perdu trente ou quarante minutes, mais nous n'aurions pas risqué la catastrophe d'une fonte des plombs. Bien sûr, cette attitude est logique, raisonnable, et d'ailleurs préconisée par nos chefs.

Pour comprendre notre décision, je crois qu'il faut appartenir à la grande famille des cheminots. Henri IV était un mécanicien d'élite, aimé et admiré par ses collègues, investi de la confiance de ses chefs, et un retard d'une demi-heure aurait altéré sa réputation. Comment faire admettre à nos camarades que la 2-3-1-608 puisse perdre du temps avec un rapide? À qui faire croire que nous avions chargé une briquette infecte, et que dès notre départ le mâchefer avait collé le feu? Nous étions considérés comme une grande équipe, et nous n'avions jamais perdu une minute. Henri IV et moi, nous avions un tempérament de gagneurs, de sportifs, et c'était un véritable match qui nous opposait à cette machine récalcitrante. Personne ne sut jamais ce que nous avions enduré, aussi bien moralement que physiquement. Au fond, une seule chose comptait : nous avions gagné.

Le brigadier de manœuvres nous fit des signaux pour

refouler la rame au garage du plateau de Montrouge. Avec six kilos de pression, c'était impossible, mais il était inutile de lui dire la vérité, car il n'aurait pas compris.

— La machine est avariée, lui cria le bouc.

L'autre répondit par un grognement irrité. Il dut couper la machine et faire prendre la rame par une locomotive de manœuvres. Au dépôt, deux agents nous donnèrent la main pour casser le mâchefer à la barre à mine; ce fut la dernière suée de la journée.

Nous allâmes déposer nos paniers et nos draps au corps de garde, puis l'abreuvoir nous ouvrit les bras. Après avoir bu deux demi de bière, nous rentrâmes pour nous laver et revêtir de beaux bleus de sortie.

— Mon drôle, me dit Henri IV, ce soir nous ne mangerons pas à notre panier, mais en ville. Après une journée comme celle-ci, nous l'avons bien mérité.

Le retour s'effectua dans les meilleures conditions, grâce à deux tonnes de briquettes Aniche. Notre brave 2-3-1-608 gaza comme jamais elle ne l'avait fait, à croire qu'elle voulait se faire pardonner l'enfer de la veille.

À la fin du mois d'août 1936, une avarie nous obligea à abandonner notre machine pendant deux jours. On nous donna en remplacement la 2-3-1-775, une locomotive banale, sans titulaire et d'une saleté repoussante. Je n'avais pas le temps de l'astiquer à fond, car le soir même nous devions assurer un train de bestiaux sur la capitale, pour rentrer le samedi après-midi en tête du fameux 705 Paris-Royan. Ce train était fréquenté par de nombreux hommes d'affaires, et par les parlementaires qui voulaient être présents dans leur circonscription le dimanche. Je me contentai donc de donner un coup de chiffon sur la chaudière pour enlever la poussière. La machine était puissante et gazait bien, de sorte que tout se passa parfaitement jusqu'à la Ville Lumière.

Le lendemain, je me rendis au dépôt à l'heure habituelle mais, à ma grande surprise, il me fut impossible de mettre la main sur la locomotive. Malgré ses cent tonnes d'acier, l'engin s'était proprement volatilisé! En désespoir de cause, je m'adressai à un surveillant :

— Sais-tu où se trouve la machine 2-3-1-775 de Thouars?

— Tu ne la vois pas? Elle est sous tes yeux!

Effectivement, elle était juste devant moi. Mais je l'avais laissée crasseuse, et je la retrouvais d'une propreté irréprochable. La chaudière avait été passée à la cire; les cercles, les bielles et les tampons reluisaient. En voyant les yeux me sortir de la tête, le surveillant ajouta :

— Vous emmenez le directeur à Thouars. Le dépôt a été prévenu dans la soirée. Quand le sous-chef a vu l'état de saleté dans lequel elle se trouvait, il a pris la décision de la faire nettoyer à fond.

À ce moment-là, le bouc arriva du service de la feuille.

— Tu connais la nouvelle? me dit-il. Nous emmenons le directeur. Ce soir, il inaugure le vélodrome de Thouars.

Comme d'habitude, Dautry vint nous serrer la main avant de monter dans sa voiture placée en tête de train. Il fit le tour de la machine et me félicita pour sa propreté; je me gardai bien de lui répondre que je n'y étais pour rien.

En arrivant à Thouars après un voyage sans histoire, Henri IV m'appela :

— Viens voir!

Cent cinquante à deux cents cheminots étaient massés sur les quais, devant le bureau du chef de gare, la comptabilité et la salle d'attente. Parmi eux se trouvaient beaucoup de manœuvres et d'ouvriers de la traction, mais aucun roulant. Lorsque le directeur descendit du train en compagnie de sa femme et de sa fille, il fut accueilli par des huées; c'était une véritable conduite de Grenoble. Cette personnalité de premier plan, qui venait honorer de sa présence une fête sportive, fut extrêmement vexée d'être traitée de cette façon devant sa famille et la foule des voyageurs. Il dut aussi être déçu, après tout ce qu'il avait fait pour les cheminots, et surtout pour les petits.

En fait, cet incident était dû à une méprise. Le Front populaire était au pouvoir depuis quelques mois et Léon Blum, dont la mémoire doit être honorée par la classe ouvrière, avait tenu toutes ses promesses : il avait accordé les congés payés, la semaine de quarante heures et les conventions collectives. Au lieu de lui manifester de la reconnaissance et de travailler davantage pour aider ce gouvernement issu des travailleurs, certains furent pris de folie et déclenchèrent des grèves. C'est ainsi qu'une minorité de cheminots de Thouars avait cru bon d'insulter Dautry et de réclamer sa démission : selon eux, il n'avait plus sa place à la tête d'un réseau de chemin de fer nationalisé.

Nous apprîmes par la suite qu'il était radical-socialiste, comme son grand ami Fernand Chapsal, le sénateur-maire de Saintes. À la Libération, il allait d'ailleurs devenir ministre de la Reconstruction dans un gouvernement de gauche. Les manifestants s'étaient donc trompés de cible, et ils le comprirent aussitôt que Dautry accepta de recevoir une délégation.

Mais le mal était fait : jamais il ne pardonna cette insulte reçue en public. Les délégués devaient se souvenir longtemps de ce qu'il leur dit en les quittant :

— Vous entendrez parler de Raoul Dautry!

L'unification des chemins de fer français entraînant une réorganisation des lignes, Dautry proposa une modification du parcours Paris-Bordeaux. La concurrence qui opposait le Réseau de l'État au PO n'avait désormais plus lieu d'être. Au lieu de l'itinéraire habituel Chartres - Courtalain - Château-du-Loir - Montreuil - Thouars - Parthenay - Niort - Saintes, les trains passeraient par Poitiers, Niort, La Rochelle, Rochefort et Saintes. Des économies substantielles seraient ainsi réalisées, car les trains Bordeaux-La Rochelle et La Rochelle-Poitiers disparaissaient; d'autre part, le parcours Niort-Saintes serait effectué par autorail, traction beaucoup plus économique que la vapeur.

Dautry était polytechnicien, et il savait compter. Le ministère des Travaux publics accepta son projet, qui n'a pas été remis en cause depuis près d'un demi-siècle. Mais du même coup le dépôt de Thouars, numéro un du Réseau en province, devenait un dépôt moyen. Les Pacifics partirent, et de nombreux mécaniciens et chauffeurs durent s'exiler au Mans, à Montrouge ou à Nantes, en laissant les maisons qu'ils s'étaient fait construire. Ce fut aussi un coup dur pour les commerçants de Thouars. Certains récoltaient ce qu'ils avaient semé, mais comme toujours la plupart des victimes étaient innocentes.

J'étais alors placé dans les quinze premiers au tableau d'avancement pour devenir élève-mécanicien. La semaine de quarante heures permettait de monter plus vite en grade, et des nominations étaient prévues pour le 1er janvier 1937. Au mois d'octobre 1936, on me demanda si j'accepterais l'un des quatre dépôts suivants : Cholet, Bressuire, La Roche-sur-Yon ou Saint-Mariens. Je choisis le dernier, que je connaissais bien, et qui m'approchait de Saintes. Huit jours plus tard, j'y fus affecté en résidence, en attendant ma nomination d'élève-mécanicien. C'est ainsi que prit fin ma collaboration avec le porte-drapeau du général Gouraud.

— Nous aurons tout de même formé une grande équipe, n'est-ce pas, Henri IV?

— Allons, mon drôle, on ne refuse jamais l'avancement.

Ma femme aussi était triste de quitter Thouars, où elle se plaisait énormément; elle se faisait mal à l'idée de laisser son travail de couturière et nos nombreux amis, mais il n'y avait rien à faire. Elle partit avant moi à Saint-Mariens et trouva facilement un logement à côté du dépôt, dans une cité appartenant au Réseau de l'État.

Saint-Mariens, commune du nord de la Gironde, à la lisière de la Charente-Maritime, était autrefois un nœud ferroviaire très important. La gare de première classe se trouvait sur le parcours Paris-Bordeaux, et elle était tête de ligne vers Coutras, Libourne, Blaye et Châteauneuf-de-Charente. Le soir, vers dix-neuf heures, l'arrivée des trains de voyageurs de toutes ces lignes rayonnantes faisait régner une grande animation. Le buffet était d'ailleurs très renommé pour la qualité de sa cuisine, pour ses pains au lait, et surtout pour les célèbres vins du Blayais. Un triage très actif obligeait les machines de manœuvres à effectuer les trois-huit, et le dépôt, situé sur la commune voisine de Saint-Yzan-de-Soudiac, occupait environ cent cinquante ouvriers pour l'entretien des quarante machines.

Le 2 novembre, lendemain de mon arrivée dans ma nouvelle affectation, je fus appelé au bureau d'ordre pour me voir remettre une note, dont je pris aussitôt connaissance : « Monsieur Péroche est nommé élève-mécanicien à l'échelle 8, à compter du 1er novembre

1936. » C'était inespéré : je gagnais deux mois sur les prévisions.

Après cette heureuse surprise, je passai plusieurs jours à faire des études de lignes, en compagnie des agents nommés en même temps que moi, car si je connaissais à fond Paris-Bordeaux, je devais par contre me familiariser avec les lignes de Coutras, Blaye, Libourne et Châteauneuf. Ensuite vint le moment crucial de l'affectation des machines.

À cette époque, le dépôt de Saint-Mariens effectuait deux services importants. Les 1-2-0-000, locomotives assez anciennes mais qui couraient bien, assuraient celui des voyageurs; leurs roues faisaient plus de deux mètres de diamètre, leur foyer était relativement petit, et la conduite du feu très délicate. Les 1-4-0-000 anglaises remorquaient les trains de marchandises et certains trains de voyageurs sur Bordeaux. Ces machines puissantes et modernes m'étaient familières depuis mon association avec le mécanicien Launay, au dépôt de Saintes.

Je fus comblé lorsqu'on me donna la 1-4-0-330, car il était rare qu'un élève-mécanicien soit titulaire d'une locomotive en service régulier. J'allais conserver cette machine pendant deux ans et demi, c'est-à-dire jusqu'à la guerre. Je pus ainsi dresser plusieurs compagnons au métier de chauffeur, et même à celui de mécanicien. Ces jeunes débutants se firent tous remarquer par la propreté de notre Anglaise, qui fut vite baptisée la « machine en or ».

Le seul incident de cette période eut lieu au mois de février 1937, en gare de Saint-André-de-Cubzac. Cette nuit-là, une tempête épouvantable se déchaînait sur la Gironde. Il tombait une pluie diluvienne, et le vent soufflait avec une violence inouïe. À trois heures du matin, j'allai me mettre en tête de mon train de marchandises, prêt à quitter Bordeaux trente minutes plus tard. L'heure normale du départ passa, sans que le signal carré violet de sortie de gare se soit ouvert. Le feu était monté en grand pour attaquer la rampe de 10 % du tunnel de Lormont, et les soupapes de sûreté ne cessaient de se soulever. Après avoir attendu un bon moment, je décidai d'aller aux renseignements : un wagon avait déraillé au poste de la gare voyageurs, et il nous empêchait de passer.

Enfin le départ fut donné, et nous réussîmes à rattraper une partie de notre retard. À Saint-André-de-Cubzac, je m'arrêtai à la prise d'eau. Mon compagnon descendit de la machine et me passa le manche de la vanne. À ce moment précis, le train ouvrier de Bordeaux entra en gare. Cent cinquante à deux cents personnes attendaient déjà sur le quai de la voie impaire, mais les retardataires ne purent l'atteindre, car nous leur bouchions le passage.

Les agents de la gare sortirent comme des fous et nous ordonnèrent de cesser de prendre de l'eau. Il fallut faire une coupe dans le train et avancer d'une vingtaine de mètres, pour permettre aux ouvriers d'accéder aux wagons. Au total, l'opération prit entre douze et quinze minutes, et ce retard allait bien sûr se répercuter sur l'embauche des ouvriers à Bordeaux.

Le sous-chef de gare était courroucé :

— Vous paierez les minutes! Vous n'aviez pas à prendre de l'eau!

— Ça m'étonnerait, répliquai-je. Va donc apprendre tes règlements! Vous étiez en train de vous chauffer auprès du feu. Je comprends, il pleuvait... mais nous, nous sommes trempés jusqu'aux os! Votre place était sur le quai de la gare, avec les signaux lumineux et acoustiques. Crois-moi, je les aurais respectés.

Sur ce, nous reprîmes notre manœuvre sous une pluie battante.

L'affaire ne devait pas en rester là : quelques jours plus tard, je reçus une demande d'explication sur grand modèle. La gare de Saint-André me mettait tout sur le dos et, comble de malhonnêteté, le chef de gare m'attaquait lui aussi, alors qu'il était au lit au moment de l'incident! Mais j'étais sûr de moi, et je répondis que j'avais scrupuleusement appliqué le règlement. Trois jours passèrent, puis l'arrondissement exploitation m'envoya une nouvelle demande, dans le but de défendre ses agents.

Heureusement, le service traction avait compris qui étaient les véritables fautifs, et il demanda une enquête. C'était exactement ce que je souhaitais, d'autant plus que je sentais mes chefs derrière moi. L'enquête eut lieu huit jours plus tard à Saint-André, en présence de l'inspecteur de l'exploitation, du chef de gare, du sous-chef de service, du brigadier de manœuvres et de l'homme d'équipe; la traction était représentée par l'inspecteur d'arrondissement, le chauffeur et moi-même.

J'ouvris la cérémonie en demandant pourquoi le chef de gare se trouvait parmi nous.

— Pour défendre mes agents, répondit-il.

— Où étiez-vous lorsque le train est arrivé? intervint notre inspecteur.

Il hésita un instant, puis se résigna à avouer :

— Je n'étais pas encore embauché. J'étais au lit.

— Monsieur le chef de gare, vous n'avez rien à faire ici. L'enquête s'ouvrira après votre départ.

Il sortit, et la séance commença. Les deux inspecteurs ne se firent pas de cadeaux. Celui de l'exploitation défendait ses hommes avec énergie, mais il sentait bien qu'il n'avait pas le beau rôle. Le nôtre était mordant, et il me faisait des clins d'œil pour m'encourager. Je me défendis comme un beau diable, car dans ce genre de situation il vaut mieux être le boucher que le veau.

Au bout d'une heure et quart, la décision fut prise et le rapport signé par les deux inspecteurs. Le service traction était dégagé de toute responsabilité dans l'incident, et celui-ci fut entièrement imputé aux agents de l'exploitation.

J'appris par la suite que le sous-chef de gare reçut un blâme avec inscription au dossier, tandis que le brigadier de manœuvres et l'homme d'équipe furent punis d'un blâme simple.

Toutes les semaines, nous les retrouvions pour ce même train, et les manœuvres duraient quelquefois plus d'une heure. Pendant un mois, pas une parole ne fut prononcée : nous nous guettions comme le lait sur le feu. Mais le temps étant un grand maître, tout s'effaça, et nous devînmes amis comme cochons. Une bonne bouteille nous attendait à chaque passage, ce qui prouve bien que la corporation des cheminots est une grande famille, et qu'au-delà des querelles professionnelles, syndicales ou politiques, le métier est le ciment de l'amitié. Cet amour du métier se retrouve chez les marins, chez les mineurs, et chez tous ceux qui souffrent de dures conditions de travail.

Au mois de février 1938, on nous demanda de désigner un dépôt en cas de nomination; évidemment, je répondis : « n'importe où ». De toute façon, je ne pensais pas être nommé mécanicien de sitôt. Pourtant, à la fin du mois, en revenant de Châteauneuf-sur-Charente, je croisai un collègue en gare de Barbézieux.

— Les nominations sont arrivées à Saint-Mariens, me cria-t-il. Nous montons en grade tous les deux.

Je ne pouvais pas y croire, mais en arrivant au dépôt, la nouvelle me fut confirmée. Je passai au bureau d'ordre pour signer ma nomination, et me préparai ensuite à l'arroser copieusement.

Ainsi donc, je devenais mécanicien à l'âge de trente ans, trois ans seulement après avoir été nommé chauffeur. Mon traitement allait changer, et j'allais désormais pouvoir voyager en deuxième classe : le but suprême était atteint. Honnêtement, je dois reconnaître que le Front populaire et la semaine de quarante heures étaient pour beaucoup dans cette promotion rapide. Comme un événement heureux n'arrive en principe jamais seul, ma fille naquit à Saintes le 14 juillet.

Et pourtant, ma petite Madeleine faillit être orpheline de bonne heure, très exactement dans la nuit de Noël 1938. J'avais assuré un train de voyageurs dans la matinée, et je devais repartir à vingt et une heures avec un train de marchandises, à destination de Saintes. Dans l'après-midi, ma femme s'était rendue chez mes parents avec notre fille, afin d'y passer les fêtes. Mon train arrivant à Saintes vers minuit, je devais donc retrouver toute ma famille vers une heure du matin.

Je quittai Bordeaux à l'heure prévue, et bientôt j'attaquai franchement la rampe de 10 % du tunnel de Lormont. Nous roulions à 45 kilomètres à l'heure, ce qui était bien, compte tenu des 860 tonnes tractées. J'actionnais par à-coups la commande de la sablière, car l'eau suintant de la voûte du tunnel rendait le rail très humide. Soudain, à environ quatre cents mètres de la sortie, le train se bloqua net. Il faut dire qu'il ne marchait plus qu'à 20 kilomètres à l'heure environ. Je donnai aussitôt un coup d'œil au manomètre duplex de pression d'air : l'aiguille était tombée à trois kilos au lieu de cinq, mais les réservoirs principaux accusaient huit kilos, ce qui était normal. La rupture d'un boyau entre deux véhicules était donc probablement à l'origine de l'arrêt automatique. Aussi m'apprêtai-je à visiter le train et à remplacer le boyau avarié.

Comme nos ancêtres les Gaulois, nous disposions alors de torches pour nous éclairer en dehors de la machine. C'étaient des tubes de cuivre rouge, au bout aminci, que nous remplissions d'un écheveau de laine imbibé de pétrole, et qui produisaient une flamme rouge et une fumée noire. J'allumai ma torche, mais elle s'éteignit aussitôt, car le gaz carbonique et la fumée qui sortaient de la machine empêchaient toute combustion, faute d'oxygène. Si seulement cette avarie avait pu se produire quatre cents mètres plus loin, à l'air libre!

Je pris alors ma lampe électrique de poche et descendis chercher un boyau de secours et une clef dans le coffre du tender. Aussitôt à terre, je tombai à genoux en suffocant dans l'épaisse fumée produite par la machine. Pendant un instant, je crus ma dernière heure arrivée. Mes poumons aspiraient en vain. J'allais mourir étouffé dans ce maudit tunnel, victime de ma machine.

Heureusement, le salut se trouvait au ras du sol : je sentis un léger courant d'air frais qui provenait du nord du tunnel, et je respirai à pleines narines. Je me repris et me dirigeai vers le tender. Je saisis le boyau, la clef, ainsi qu'un marteau et un burin, et descendis vers le sud. Plus je m'éloignais de la machine, mieux je respirais.

J'inspectai les cinquante wagons un par un, mais sans trouver de boyau crevé. Finalement, je dus marcher jusqu'en queue de convoi pour découvrir que le coupable était l'avant-dernier.

Pendant ce temps, le chef de train était parti mettre deux pétards à deux cents mètres du dernier wagon, et deux autres à huit cents mètres, car sous un tunnel la sécurité doit être doublée. Après avoir remplacé le boyau, je rabattis les deux clefs, une sur chaque wagon. Aussitôt l'équilibre se rétablit dans la conduite générale : tous les freins se débloquèrent. Mais comme nous étions dans une rampe de 10 ‰, les 860 tonnes du train additionnées aux 130 tonnes de la machine et du tender se mirent à reculer.

À ce moment précis, le chauffeur aurait dû freiner. Mais le train continuait à descendre. Une idée atroce me traversa alors l'esprit : mon compagnon ne s'apercevait-il pas que le train reculait? Lui était-il arrivé quelque chose? Était-il occupé à mettre au feu? Une seconde fois, je crus que c'était la fin.

Par miracle, je réussis à effectuer un rétablissement, et à me poser sur les tampons. J'étais sauvé! Mais le train poursuivait sa marche arrière, et je me préparai à faire sauter un des boyaux pour le bloquer. Enfin, mon compagnon actionna les freins : le lourd convoi s'immobilisa.

Le vieux chef de train arriva en soufflant comme un phoque : il venait de parcourir deux kilomètres, et il n'avait rien d'un champion olympique. Quand j'eus la certitude qu'il était remonté dans son fourgon, en queue de train, je retournai prendre ma place sur la locomotive. Elle fumait à pleine cheminée, mais le gaz carbonique était moins dense.

Il fallait encore redémarrer dans une rampe avec 860 tonnes en remorque. Le feu était solide, les soupapes frisaient. Je débloquai le frein modérable, qui retenait la machine et le tender, et attendis un léger recul. Tous les ressorts des tampons appuyèrent sur l'arrière. J'ouvris alors le régulateur : la vapeur surchauffée arriva dans les distributeurs, puis sur les faces des pistons. Rien ne bougea pendant quelques secondes, mais la vapeur fut la plus forte : le train démarra péniblement. Au bout de quatre cents mètres qui nous semblèrent une éternité, la locomotive déboucha à l'air libre, sous le magnifique ciel étoilé de cette nuit divine.

J'arrivai à Saint-Mariens avec une heure de retard, et repartis vers la capitale de la Saintonge après avoir fait de l'eau. Lorsque nous entrâmes en gare de Saintes, les cloches des églises sonnaient pour la messe de minuit. Je sortis du dépôt et me rendis à pied à Saint-Eutrope, lieu de ma naissance. En arrivant chez mes parents, je ne trouvai aucune lumière; il était deux heures passées et l'on ne m'attendait plus. Je mangeai tristement ce qu'on m'avait laissé, en songeant que j'avais bien failli rester pour toujours sous ce tunnel.

Je rejoignis ma femme, que l'inquiétude avait tenue éveillée.

— Qu'est-ce qu'il t'est arrivé?

— Je te raconterai plus tard.

Je fus long à m'endormir. Je crois bien que jusqu'à mon dernier jour, je me souviendrai de cette nuit de Noël 1938.

En 1939, le dépôt de Saint-Mariens connut des changements importants, car la disparition des Réseaux et leur remplacement par la SNCF bouleversaient les structures existantes. Les trains de voyageurs furent remplacés par des autorails, et même par des cars, ces moyens de transport étant soi-disant plus économiques que la vapeur. Cette dernière ne conserva que la traction des marchandises et des trains ouvriers sur Bordeaux.

Le personnel roulant était désormais trop nombreux : on demanda aux mécaniciens, aux élèves et aux chauffeurs quels dépôts ils souhaitaient. Ceux qui choisirent

Niort et La Rochelle partirent très vite. J'espérais pour ma part que ce serait enfin l'occasion de retrouver ma ville natale, mais le 1er août, l'Allemagne envahit la Pologne. Il n'était plus question de faire des projets d'avenir.

Le Taurus-Orient-Express

Dans les premiers jours de septembre, des mesures exceptionnelles furent mises en œuvre, et la mobilisation des chemins de fer français s'effectua en un temps record. Ce fut une réussite complète, qui valut à la SNCF et aux cheminots d'être cités à l'ordre de la Nation.

Saint-Mariens devint le dépôt pilote de l'arrondissement de Saintes et fut renforcé par un personnel de maîtrise très important. On vit arriver des chefs mécaniciens, des chefs réparations, mais aussi des employés de bureau et des roulants retraités. Ces derniers partent à cinquante ans, mais durant cinq ans ils restent mobilisables pour remorquer des trains. Notre dépôt reçut également un matériel considérable : une bonne vingtaine de TP, des 2-3-0-800, et même des 1-2-0-000 qui reprenaient du service pour les trains de voyageurs. Enfin, la grue de relevage de 50 tonnes arriva de Saintes.

Cet afflux de personnel posa un problème de logement, car Saint-Mariens était une petite commune. Les quelques hôtels et le buffet de la gare furent réservés aux chefs, et pour les autres on monta des tentes dans les prés voisins du dépôt; le temps splendide de cette arrière-saison se prêtait heureusement au camping. Nos camarades sans spécialité, comme certains manœuvres, rejoignirent leurs régiments, mais les roulants et les agents de sécurité furent affectés spéciaux. Cependant mon frère, mécanicien à Paris, fut mobilisé dans le génie, ce qui lui valut d'être fait prisonnier en 1940.

Pendant trois semaines, chacun donna le maximum; il n'était plus question de réglementation du travail, de semaine de quarante heures, ni même de repos. Nous tournions douze à quatorze heures sans coupure, parfois nous repartions après quelques heures de sommeil. Notre devoir de Français était de transporter dans les plus brefs délais les militaires destinés au front. J'étais très jeune en 1914, mais je me souviens parfaitement de ces soldats qui partaient en chantant et en criant : « À Berlin », avec des fleurs dans le canon du fusil. Quelle différence avec 1939! Les hommes étaient graves, dignes, et l'on sentait qu'ils quittaient leur femme et leurs enfants avec une grande tristesse.

Aussitôt après la déclaration de guerre, un inspecteur traction était arrivé à Saint-Mariens pour prendre les fonctions de chef de dépôt principal. Nous nous reconnûmes aussitôt : c'était le colosse toulonnais qui, trois ans plus tôt, m'avait inspecté à La Loupe, alors que je jouais au rugby à proximité des travaux d'électrification. La conversation reprit immédiatement sur notre sport favori.

C'était un bon vivant, avec toutes les qualités des gens du Midi : ouvert, expansif, pince-sans-rire, il aimait par-dessus tout faire marcher ses subordonnés. Il était de surcroît gourmand comme un brochet et grand buveur de Pernod et de Ricard.

— Mon traitement y passera, répétait-il fréquemment, mais je ne veux pas maigrir d'un gramme!

À midi et à dix-huit heures, il se tournait vers son état-major en disant :

— Allons, les enfants, dépêchons-nous. C'est l'heure du Pernod sonnée.

Il craignait beaucoup que ces délicieuses boissons ne disparaissent avec la guerre. Heureusement, ses dons extraordinaires de devin lui permirent de prendre à temps ses précautions. Cet homme étonnant avait en effet dès le début prévu une guerre longue, contrairement à l'opinion commune.

— Il faudra beaucoup de temps pour détruire tous les armements qu'il y a dans le monde. Cela durera quatre ou cinq ans.

Il alla donc voir la tenancière du petit café qui se trouvait juste à côté du dépôt et lui demanda de dresser l'inventaire de ses bouteilles d'apéritif. En accord avec elle, il commanda deux manœuvres pour creuser une tranchée dans le jardin voisin du bistrot, et il y enterra près de cent cinquante bouteilles de Pernod, de Ricard et de Berger; les autres boissons ne l'intéressaient pas. Grâce à sa prévoyance, les tractionnaires eurent l'exclusivité des bonnes bouteilles pendant toute la guerre. Il put inviter fréquemment son état-major à boire un verre :

— Venez, disait-il, ce n'est pas de l'ersatz, c'est du bon d'avant-guerre!

Il faisait aussi du marché noir. Je revenais un jour de Bordeaux avec le train 5922 lorsque, juste avant d'arriver à Saint-Mariens, j'écrasai les pétards [1]. Je me mis aussitôt en marche à vue, comme le veut le règlement. Dans une courbe où la visibilité était très courte, j'aperçus un

1. On dispose des pétards sur la voie afin de prévenir le mécanicien qui roule dessus d'un danger imminent.

drapeau rouge et deux pétards sur la voie. C'était le signal de l'arrêt absolu, que je respectai scrupuleusement. L'inspecteur et le chef mécanicien sortirent alors d'un fourré. Ces essais de sécurité avaient lieu fréquemment, et l'inspecteur était impitoyable : il sanctionnait toute entorse au règlement par un blâme et un retrait sur les primes de fin d'année.

— C'est très bien, me dit-il. Dépêche-toi, nous t'attendons pour le Pernod.

— Et ça? lui demandai-je en désignant les deux bottes d'asperges qu'il portait sous le bras et qu'il avait vraisemblablement achetées dans une ferme.

— Ça ne te regarde pas.

Une heure plus tard, mon compagnon et moi étions attablés avec l'inspecteur et le chef mécanicien. Nous bûmes trois ou quatre tournées, et j'eus ainsi tout loisir d'observer le Toulonnais : il avalait religieusement, les yeux levés au ciel, comme s'il avait voulu remercier Dieu de pouvoir déguster cet excellent breuvage. Avec un tel régime, il ne tarda pas à monter le remercier en personne, avant la retraite si ma mémoire est bonne.

Après la période de mobilisation, les commandes de trains faiblirent, et nos chefs en profitèrent pour nous donner des repos. Bientôt ce fut le calme plat, car l'économie tournait au ralenti et le trafic marchandises était très limité. Les retraités roulants qui avaient été réquisitionnés restèrent encore un mois par décision du ministère de la Guerre. Je faisais alors équipe avec un mécanicien de 55 ans, qui pesait 130 kilos environ, et j'étais bien sûr redevenu chauffeur. Mais bientôt, les « vieillards » furent renvoyés dans leurs foyers et les machines rendues à leurs titulaires. Ensuite arriva l'hiver, très rigoureux cette année-là.

Au mois de décembre, le chef de bureau du dépôt de Saintes vint faire une inspection à Saint-Mariens. Je le connaissais bien pour avoir été sous ses ordres durant mon séjour à Thouars.

— Péroche, me dit-il, je voulais vous voir. J'ai une nouvelle confidentielle à vous annoncer. Il est question de lever une section de chemins de fer de campagne pour le Moyen-Orient. Très exactement pour la Syrie.

Il se tut et me regarda fixement. Pourquoi donc me racontait-il tout cela?

— L'armée demande des hommes jeunes et en parfaite santé, reprit-il. Avec le chef d'arrondissement, nous avons désigné les agents susceptibles de participer à cette expédition. En principe, il en faut deux par dépôt. Je vous ai proposé pour le dépôt de Saint-Mariens.

— Je vous remercie, mais c'est un cadeau empoisonné que vous me faites là.

— Peut-être... De toute façon, rien n'est fait. Cela dépendra des événements et de l'orientation de la guerre.

Cette conversation resta sans suite et, le temps passant, je me dis que le projet était tombé à l'eau. Mais mes conclusions étaient un peu rapides : à la fin du mois de février, je fus convoqué avec un chauffeur du dépôt chez le patron. Ce dernier nous reçut debout devant ses papiers, l'air grave et la figure pâle :

— Mes enfants, vous partez en guerre.

— Pas comme Malbrough, dis-je en voulant le narguer, car je n'étais pas surpris de cette nouvelle.

— Voyons Péroche, soyons sérieux! Vous devez être à Orléans après-demain à dix-sept heures. Vous serez habillés au camp de cavalerie, et ensuite, destination inconnue...

La note ne précisait rien de plus, mais je me doutais de l'endroit où l'on allait nous envoyer.

— Nous partons en Syrie, dis-je à mon compagnon. Je le sais officieusement. Crois-moi, nous n'allons pas dans la cavalerie, mais à la 8e section des chemins de fer de campagne.

Je profitai des dernières heures de liberté pour faire mes adieux à ma famille et à mes amis, puis je me rendis à Bordeaux en compagnie du chauffeur pour prendre le Hendaye-Paris. À seize heures, nous étions en gare des Aubrais. Un caporal et quatre hommes y ramassaient tous les arrivants, et ils nous emmenèrent au camp de cavalerie.

Le lendemain matin, on nous habilla en soldats de l'Empire, et non pas de l'An II : les vêtements flambant neufs sortaient visiblement de la fabrique. Je fus très intrigué quand on me donna une tenue de sous-officier, et ma surprise augmenta encore lorsque trois galons dorés furent cousus sur mes manches. Pourquoi un deuxième classe se retrouvait-il soudain promu sergent-chef? S'étaient-ils trompés sur mon identité? J'eus bien vite l'explication du mystère : les cheminots militaires affectés à une section de chemins de fer de campagne prennent le grade qui correspond à leur qualification. Les manœuvres et les ouvriers étaient simples soldats, les chauffeurs de route brigadiers, comme mon camarade de Saint-Mariens; de même, le capitaine de notre section était chef de dépôt à Marseille. Pour la première fois de ma vie, je portais des galons sur les manches, sans les avoir gagnés. Le soir, les militaires me saluaient dans les rues d'Orléans. Il ne manquait plus que cela!

Nous partîmes le lendemain pour une destination mystérieuse : le mot Syrie n'avait pas encore été prononcé. Certains parlaient de l'Afrique du Nord, mais je m'en tenais à ce que m'avait dit le chef de bureau de Saintes. Nous descendîmes jusqu'à Toulouse, où nous prîmes le Bordeaux-Marseille. De la gare Saint-Charles, des camions nous emmenèrent au camp Sainte-Marthe : j'y avais passé quelques jours treize ans plus tôt, avant de partir en Algérie.

Après quelques jours d'attente, nous embarquâmes sur un splendide paquebot baptisé *Patria.* Les militaires étaient peu nombreux, en revanche il y avait une foule de Juifs expulsés d'un peu partout, qui se rendaient en Judée, car à l'époque l'État d'Israël n'existait pas encore.

Notre capitaine espérait que les 178 membres de sa section pourraient manger ensemble à l'un des trois services, car chez les cheminots tout le monde est au même rang, mais il avait oublié que désormais nous étions militaires. Le règlement était formel, et il n'y eut rien à faire. Les hommes de troupe, brigadiers et caporaux compris, devaient prendre leurs repas dans les cales du navire, avec les chevaux; les sous-officiers mangeraient au premier service, avec les voyageurs de deuxième classe, les officiers au troisième service, avec les personnalités et les voyageurs de première classe. Le deuxième service, programmé à midi, était réservé aux adjudants et aux femmes des militaires de carrière se trouvant au Liban ou en Syrie.

Notre lieutenant me désigna avec un mécanicien de Cherbourg, pour aller voir le responsable de la salle : nous devions essayer de regrouper tous les sous-officiers. En abordant le maître d'hôtel, j'eus l'impression de l'avoir déjà vu quelque part.

— Il me semble que je te connais, lui dis-je. Je t'ai déjà rencontré, mais où?

— J'ai la même position envers toi, me répondit-il. Vous êtes des cheminots? Eh bien, j'ai fait pendant plus de dix ans les wagons-restaurants.

— Oui, mais la France est grande.

— Je faisais la ligne Nantes-Bordeaux.

— Je suis du dépôt de Saint-Mariens.

— Pas possible! Les pains au lait de Saint-Mariens nationalement connus! Et Fernande? Et Andréa? Que sont-elles devenues?

— Elles sont toujours au buffet de la gare. Voilà donc où nous nous sommes rencontrés!

Nous devînmes amis sur le champ.

— Je vous affecte tous les deux au deuxième service, me dit-il. Il est à midi, la meilleure heure, et vous serez entourés de jolies femmes. C'est moi qui décide tout ici.

Mon camarade de Saint-Mariens était une nature délicate, à l'estomac fragile, et l'idée de manger dans la cale avec les chevaux l'avait abattu.

— Ce sera infect, me disait-il, complètement désespéré. Nous allons manger à la gamelle, comme au régiment, pendant que tu seras au restaurant, avec vins de Bordeaux, hors-d'œuvre, plats succulents, desserts, gâteaux, café!

— Je sais bien, c'est regrettable. Sur les machines, il n'y a pas de grades, mais l'armée, c'est l'armée. Enfin je vais en parler au maître d'hôtel. S'il peut faire quelque chose, il le fera.

Juste avant le premier service, j'invitai l'ancien des wagons-restaurants à prendre l'apéritif, et je lui parlai de mon compagnon.

— C'est impossible, me dit-il. S'il y avait un contrôle, j'en entendrais parler.

Il réfléchit un instant, et reprit :

— Il y a bien une place de libre pas loin de vous. Écoute, qu'il vienne, mais avec une veste de sous-officier.

Rien ne fut plus facile que d'en emprunter une à un camarade du premier service. C'est ainsi que durant tout le voyage, mon compagnon mangea avec les sous-officiers.

La traversée commença comme une véritable croisière d'agrément. Dès le premier jour, en regardant les hommes de la 8e section embarquer, je remarquai une belle fille blonde. Lorsqu'elle passa devant moi, je la dévisageai avec insistance. Elle me salua d'un signe de la tête et me dit :

— Bonjour capitaine.

Elle avait confondu les trois galons inclinés de sergent-chef avec les trois galons horizontaux de capitaine! Elle s'approcha de moi et me serra la main en se présentant : elle était anglaise, native de Londres. Bien qu'un peu confus de sa méprise, je me contentai de lui dire mon nom, sans préciser mon grade.

— Regardez nos hommes qui embarquent, lui dis-je en désignant mes camarades habillés de neuf.

— Il y en a qui sont vieux! s'exclama-t-elle.

De fait, certains volontaires avaient une bonne quarantaine d'années.

— Ils ont l'air bien pacifiques, ajouta-t-elle.

— Ne vous y fiez pas : devant l'ennemi, ce sont des lions.

Les jours suivants, elle m'invita à plusieurs reprises à prendre l'apéritif. Nous buvions du whisky, et je devais me fâcher pour réussir à payer. Comme elle parlait assez bien français, nous bavardions de choses et d'autres. J'appris ainsi que ses parents avaient une grosse situation à Londres, et qu'elle se rendait à Haïfa pour retrouver son frère militaire de carrière.

Un jour, j'eus l'impression très nette qu'elle me faisait la tête. Elle finit par me donner la raison de cette bouderie :

— Vous n'êtes pas capitaine.

— C'est vrai, mais je ne vous ai jamais dit que j'étais capitaine. C'est vous qui m'avez donné ce grade. Qu'auriez-vous fait à ma place?

— Je comprends, dit-elle en éclatant de rire. Quand j'ai su cela, je n'étais pas contente, mais à présent je vous pardonne. Vous êtes gentil quand même, bien que vous ne soyez pas capitaine. Chef, allons prendre un whisky!

Cependant nous progressions vers notre destination. Après avoir suivi les côtes de la Corse jusqu'au détroit de Bonifacio, nous vîmes le spectacle grandiose du Stromboli en pleine éruption dans la nuit. Ensuite, ce fut le détroit de Messine, entre la Sicile et l'Italie, avec la ville de Reggio et dans le lointain l'Etna en activité. Le temps fut magnifique jusqu'au Vendredi Saint, mais la tempête se leva alors que nous approchions de la Crète. Un vent violent balaya la Méditerranée et d'énormes vagues firent tanguer le navire, rendant malades de nombreux passagers. Heureusement, nous retrouvâmes une mer splendide dès le lendemain.

Malgré tout, personne ne pouvait oublier la guerre. Des sous-marins allemands avaient été signalés en Méditerranée; il est certain qu'ils nous auraient torpillés en cas de rencontre. La nuit, le *Patria* avançait tous feux éteints, et il était interdit de fumer à l'extérieur. Certains passagers allaient même jusqu'à dormir sur le pont avec leur bouée de sauvetage!

Le navire toucha Haïfa le jour de Pâques. Les officiers et sous-officiers reçurent l'autorisation de descendre à terre, tandis que les hommes de troupe continuaient à tenir compagnie aux chevaux. Aussitôt débarqué, je sentis l'Orient, avec ses parfums puissants et ses couleurs chatoyantes; dans la foule bariolée, seuls les militaires et les marins anglais rappelaient l'Occident.

Le bateau leva l'ancre vers vingt et une heures, pour faire son entrée dans le beau port de Beyrouth le lendemain matin à cinq heures. Un spectacle magnifique

Photographie envoyée en 1915 à mon père sur le front des Vosges. De gauche à droite : Georges, ma grand-mère, Madeleine, ma mère, moi et René.

L'école d'apprentissage CIMT en 1920. Je suis le premier à droite au deuxième rang.

La passion du rugby ! le stade saintais en 1924. Premier à droite au deuxième rang.

1927 : soldat en Algérie.

Antoinette a vingt ans.

arrivée de l'Orient-Express à la frontière Syro-turque. 1940.

Ma 901, qui tractait l'Orient-Express.

Quelques cheminots français à Alep. Je suis à l'extrême-droite.

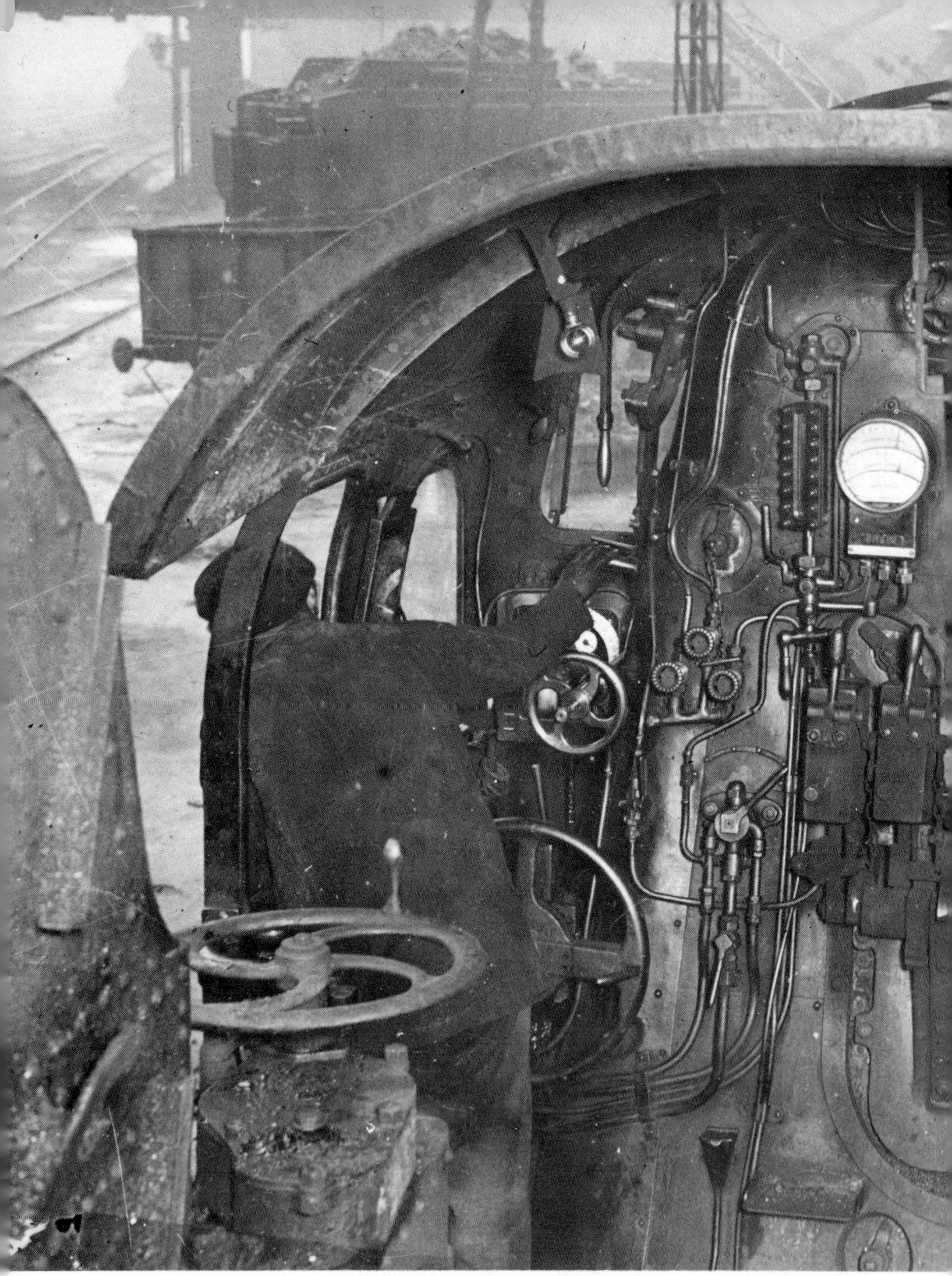

Aux commandes d'une Pacific. A gauche, le mécanicien surveille la voie.

ROGER-VIOLLET

a droite, le chauffeur a posé sa pelle.
La porte du foyer est fermée.

1

Roger-Viollet

2

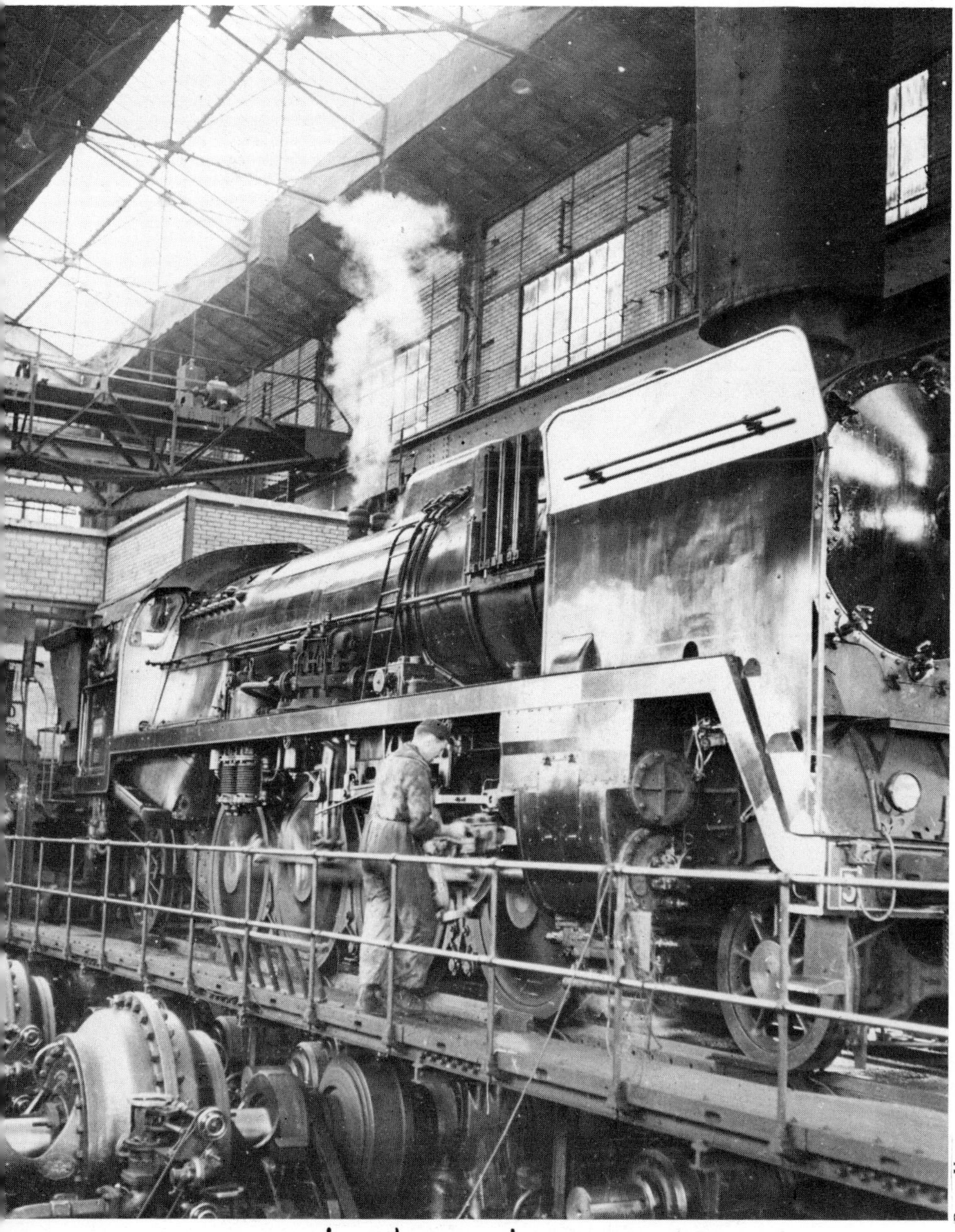

ROGER-VIOLLET

Ma 1-4-0-330 du dépôt de St Mariens.
Tender chargé ; les briquettes sont sur le tout-venant.
Le mécanicien graisse les bielles de sa Mikado.

elle était de couleur jeaune paille, quelques secondes de plus, elle aurait <u>fondu</u>.

Grâce à cette dernière opération, l'aiguille restait au timbre, mais l'eau était disparue dans le tube. Alors, nous décoinçions les trois robinets de jauge. Quand on en arrive là; c'est que ça va très mal! je multipliais mes coups de crochet. j'étais au bout du rouleau. j'avais bu le dernier demi-litre, maintenant, plus rien!

Cette soif terrible, qui m'accablait, alors, je voulus boire de l'eau du tender au robinet de jauge, mais mon compagnon m'en empêcha, il me ceintura; non <u>jamais ça</u>, me dit-il! Il avait raison, car dans cette eau, il y avait un acide très puissant pour désintégrer le calcaire nuisible aux chaudières et, pourtant, je le savais, mais la soif c'est terrible?

Pendant ce temps le train roulait, véritable train fantôme, où les voyageurs ne se doutaient pas du drame qui se passait sur la locomotive ~~qui le~~ les emmenant à Paris.

L'eau n'arrivait plus au premier robinet, c'était la vapeur sèche

Plus que quelques centimètres d'eau sur les plombs de sécurité.

Henri IV et moi, <u>étions fous</u>. Nous risquions le tout pour le tout.

Nous avions le visage noir, seuls ressortaient le blanc des yeux et les dents, ce n'était plus des figures humaines, deux démons qui se débattaient comme des diables dans un bénitier, qui luttaient à mort pour conserver l'eau et le gaz pour emmener ce train à l'heure à Paris.

Nous avions passé Trappes, l'aiguille était sur 120 kilomètres, voici Versailles, ralentissement dans cette gare à 70 kilomètres. J'en profitais pour accélérer la pompe, cette gare franchie, reprise de vitesse à la limite de la ligne. Nous approchions. Voici le viaduc de Meudon, la capitale était devant nous. La tour Effel, plus

jamais dressait sa tête, dans ce ciel d'azur

sions Clamart, Vanves Malakof. Ouest-ceintu

mi ces grands immeubles. L'eau n'arrivait

robinet de jauge. Seul, le troisième accusai

u et de vapeur, nous étions à la limite pou

une page de mes mémoire

s'offrait à nous : derrière la ville, qui m'évoquait un peu Alger, s'élevait une chaîne de montagnes splendides dont toutes les cimes étaient couvertes de neige. Le soleil se levait, et ses premiers rayons donnaient aux sommets une couleur pourpre. Nous n'étions encore qu'au tout début du mois d'avril, mais la chaleur se faisait déjà sentir, et les marchands arabes proposaient des cerises aux passants.

Le débarquement se déroula dans de bonnes conditions, et des camions militaires nous emmenèrent au camp T2, situé à l'est de la ville, au pied des contreforts de la montagne. Nous y restâmes quinze jours, sans avoir rien d'autre à faire que de nous promener, de manger en ville le midi et de visiter la place des Canons, berceau des plus belles filles du monde.

Je touchai le prêt d'un sergent-chef et disposai ainsi d'une certaine aisance financière. Pendant ce temps, ma femme recevait mon traitement fixe, une indemnité de résidence et la moyenne des primes traction; j'avais donc la satisfaction de savoir qu'elle était à l'abri du besoin. Bien sûr, c'était différent pour l'affection, mais dans les circonstances dramatiques que connaissait la France, elle n'était malheureusement pas la seule.

Tous les autres militaires de Beyrouth avaient déjà reçu des vêtements de toile, mais nous continuions à étouffer dans une tenue de drap. Personne ne savait ce qu'on allait faire de nous, pas même nos chefs. Il était évident que nous n'étions pas là pour le chemin de fer à crémaillère et à voie étroite de Beyrouth; aussi certains parlaient d'Alep, le point ferroviaire le plus important de la Syrie, situé sur le passage de l'Orient-Express.

Nous apprîmes un beau jour que le général Weygand, alors haut-commissaire pour le Liban, allait nous passer en revue. Cette nouvelle plongea nos chefs dans un profond désarroi; ils craignaient beaucoup ce général prestigieux, qui avait la réputation d'être très à cheval sur la discipline et les principes militaires.

— C'est un dur, à ce qu'il paraît. Nous allons avoir l'air fin!

Ils nous firent faire des rassemblements, des garde-à-vous, des repos et des marches au pas cadencé, mais comme ils étaient eux aussi cheminots, leur ignorance dans ce domaine était égale à la nôtre. Ils se donnaient beaucoup de mal pour nous faire manœuvrer, mais en voyant le résultat, ils ne pouvaient s'empêcher d'éclater de rire.

— Allons, soyez sérieux! Faites un effort!

Heureusement, l'inspection se déroula mieux que prévu. Weygand arriva en grand uniforme, avec des leggings :

— Garde-à vous!

Tout le monde se figea dans une immobilité absolue. Il nous passa en revue, en nous dévisageant l'un après l'autre. La chaleur était étouffante.

— Repos!

Weygand savait qu'il avait affaire à des cheminots, et il fut indulgent. Il nous expliqua alors ce qui nous attendait :

— Vous partez pour Alep. Un second front est envisagé dans les Balkans, et la Turquie marchera aux côtés des Alliés. Dans ces pays du Proche-Orient, il n'existe que deux grandes lignes de chemin de fer. La première est celle de l'Orient-Express qui, venant de Turquie, entre en Syrie à Médéïn. Elle passe ensuite à Alep, avant de traverser l'Euphrate et de se diriger vers Mossoul et Bagdad. La seconde va d'Alep à Rayaq. Pour assurer les arrières de ce second front, nous avons besoin d'un renfort en matériel et en cheminots. Voilà pourquoi cette 8e section des chemins de fer de campagne a été levée. Enfin, cinquante-cinq locomotives C8 allemandes, qui sont actuellement garées dans l'est de la France vont rejoindre Alep par la ligne du Simplon. Comme vous le voyez, tout a été prévu.

Il nous fit ensuite ses recommandations :

— En plus des hostilités, vous devrez compter avec la dureté du climat. Vos camarades font leur devoir sur le front français. Vous, vous ferez le vôtre ici, mais les conditions y seront peut-être plus difficiles. Surtout, ne buvez pas trop. Je vous conseille de mettre de l'arak dans l'eau, et non de l'eau dans l'arak! Je vous fais confiance.

Quelques jours plus tard, vers dix heures du matin, nous partîmes pour Rayaq par le chemin de fer à crémaillère. Je m'attendais à trouver un tacot semblable aux petits trains économiques d'autrefois, et je fus bien surpris en voyant la rame : la machine allait devoir remorquer 400 tonnes dans des rampes de 60 à 70 %! Le chauffeur montait son feu, tandis que le mécanicien mettait la dernière goutte d'huile; l'un comme l'autre, ils ruisselaient déjà de sueur.

La locomotive était équipée des accessoires les plus modernes. Elle possédait en outre deux groupes de haute pression : un premier situé à l'extérieur, comme sur une machine à simple expansion ordinaire, et un second à l'intérieur, sous la chaudière. Lorsque le profil de la voie ne permettait plus au groupe extérieur de remorquer le train, le mécanicien décrochait la crémaillère et mettait en service le deuxième groupe. La puissance était doublée, et le mécanicien disposait de deux machines pour réaliser l'exploit de gravir des rampes aussi fortes. Le train pouvait ainsi s'élever lentement à plus de 2 000 mètres d'altitude, comme un ver à soie montant sur une branche de mûrier.

Au cours de l'ascension, la ville de Beyrouth se rétrécissait jusqu'à n'être plus qu'un nid dans l'immensité du Liban, au contact de l'admirable bleu roi de la Méditerranée. À dix-neuf heures, parvenus en haut du col, nous étions en Syrie. Le sol était couvert de neige, des pendillons de glace descendaient des rochers et le thermomètre était passé de 28 à −3 ou −4 degrés. Malgré le chauffage puissant, nous supportions bien notre tenue de drap.

Nous arrivâmes à Rayaq dans la nuit, et de là le train à voie normale nous conduisit jusqu'à Alep. Vers onze heures, nous débarquâmes dans une gare immense, très moderne et de toute beauté.

Les souks de la vieille ville sont moins célèbres que ceux de Tunisie, mais ils sont beaucoup plus grands; ils font plusieurs kilomètres de long. On les déconseillait vivement aux soldats français, car ils étaient réputés dangereux. À l'opposé, la ville moderne est percée de belles avenues et comporte des immeubles splendides. Au premier abord, ce qui frappait le plus dans cette cité surpeuplée, c'était l'absence d'automobiles, alors que le pétrole des puits de Mossoul était presque moins cher que l'eau. Mais les grandes routes étaient rares et le niveau de vie assez bas. Pour les Français qui arrivaient à Alep, tout semblait très bon marché. Les voitures étaient le privilège des professeurs, des médecins, des officiers de l'armée française et de quelques potentats.

Les taxis à essence n'existant pas, il fallait se contenter de voitures de place appelées *arrabadji,* tirées par un ou deux chevaux maigres comme des clous, qu'on s'étonnait de voir encore en vie. Lorsque j'allais prendre mon service au dépôt, je choisissais toujours une voiture à deux chevaux : si l'un des deux crevait en route, l'autre pourrait toujours m'amener à l'heure pour assurer mon train!

La 8e section des chemins de fer de campagne n'était pas un corps comme les autres. Au lieu d'une caserne, on nous attribua un grand hôtel désaffecté, et on nous laissa une complète autonomie. Nous avions une grande cuisine, des réfectoires et des chambres meublées de lits convenables.

— Oh, ces cheminots, toujours des privilégiés! avons-nous entendu dire bien des fois.

Deux jours après notre installation définitive, nos chefs nous emmenèrent visiter le dépôt des locomotives, qui se trouvait juste à côté de la gare. Nous eûmes la surprise de trouver des installations modernes, des machines en bon état, d'une propreté exemplaire, et des responsables d'une gentillesse extrême. Le chef de dépôt était un ingénieur syrien qui sortait d'une école française de Travaux publics.

Là aussi nous devions conserver notre autonomie : nos officiers assureraient les fonctions de chef de feuille, de chef mécanicien et de chef des réparations. Mais avant tout il s'agissait de savoir quelles lignes nous allions exploiter. Les parcours Alep-Rayaq et Alep-Mossoul furent envisagés; on me commanda pour faire une étude de ligne avec un camarade, mais sans me préciser si je devais aller jusqu'à Rayaq, ou bien si je pouvais m'arrêter en cours de route.

Mon camarade tomba malade juste avant le départ, de sorte que je me présentai seul sur la machine de l'express du soir, muni de quelques boîtes de conserve et d'un litre de vin d'Algérie. Je remis mon autorisation au mécanicien syrien qui, comme son chauffeur, parlait à peine quelques mots de français. Tous deux étaient aussi maigres que les chevaux des *arrabadji,* mais ils travaillaient bien et leur machine était d'une propreté exceptionnelle.

Bientôt nous roulions dans la campagne syrienne, sans mot dire. La nuit était tombée, le moral n'était pas haut; je regrettais l'absence de mon camarade, qui aurait su égayer le voyage. Les deux Syriens descendirent quelques instants dans une gare pour prendre du ravitaillement et commencèrent à manger tout en travaillant. Le chauffeur avalait une bouchée entre chaque pelletée de charbon, le mécanicien, lui, mastiquait tout en observant les signaux. J'étais ahuri de voir ce que ces hommes mangeaient : un concombre pelé sans huile ni vinaigre, deux tomates crues, un chicon en salade et une petite galette de farine de maïs. Il est vrai que dans ces pays chauds, la viande, la charcuterie et les sauces ne sont pas recommandées. Ces gens-là n'étaient d'ailleurs presque jamais malades, malgré un travail très dur.

Vers une heure du matin, le train entra en gare de Homs. Je descendis de la machine et me dirigeai sans rien dire vers la sortie des voyageurs. Cette étude de ligne était complètement inutile puisque je ne voyais rien du parcours. J'avais une soif terrible et j'aurais volontiers mangé un morceau. Malgré l'heure tardive, la ville était illuminée, la foule se pressait dans les rues. Dans ces pays, on ne voit pas un chat dehors entre treize heures et dix-sept heures, par contre les gens se couchent très tard.

Je m'arrêtai devant un bel établissement bien éclairé, dont le nom était écrit en arabe sur une enseigne lumineuse. Comme j'étais en bleus propres et que je n'avais pas la figure trop sale, je décidai d'entrer. Il y avait de l'ambiance, de la musique, et les consommateurs étaient nombreux. Certains buvaient, d'autres fumaient le narguilé parmi des filles de toute beauté, presque nues. J'hésitai un instant à m'asseoir dans cette boîte de nuit, mais la soif l'emporta. De nombreux visages se tournèrent vers moi, me regardant comme une bête curieuse car j'étais le seul Européen.

Deux filles s'approchèrent et s'assirent sur mes genoux : j'avais évidemment affaire à des requins. Elles ne parlaient pas un mot de français, et je dus leur payer un verre pour m'en débarrasser. Je bus d'une traite mon demi de bière, quittai rapidement ce lieu de perdition, et retournai à la gare pour attendre l'express de quatre heures du matin.

Mon chef me demanda le lendemain ce que j'avais appris.

— Je n'ai rien vu, lui répondis-je.

— Ce n'est pas gênant, car nous n'aurons pas à exploiter cette ligne. 400 kilomètres sous une pareille chaleur, c'est hors de question. Aucun d'entre vous ne rentrerait vivant en France! Finalement, on va nous donner le tronçon de l'Orient-Express qui va d'Alep à la frontière turque. Ça fait 80 kilomètres. Nous exploiterons tous les trains marchandises et voyageurs sans exception.

Je partis donc avec un camarade en étude de ligne jusqu'à Meïdan-Ekbès. Lorsque nous montâmes sur le Taurus-Orient-Express [2], vers dix heures du matin, la chaleur était déjà accablante. Le climat de la Syrie est encore plus dur que celui de l'Afrique du Nord : j'y ai constaté à plusieurs reprises des températures de 43, voire 45 degrés à l'ombre. En été, il fait en moyenne de 35 à 40 degrés dans la journée. Assurer des trains à vapeur

2. L'Orient-Express s'appelle Simplon au départ de Paris, mais prend le nom de Taurus en entrant en Turquie. Il s'agit dans les deux cas de montagnes franchies par le célèbre train.

dans des conditions pareilles est quelque chose d'effrayant, mais nous étions là pour cela.

Il est absolument impossible de comparer le paysage français à celui de ces régions désertiques. En France, l'étude de ligne est facilitée par la présence de nombreux points de repère : villages, fermes, bois, bosquets par exemple. Dans ce pays de fin du monde, nous roulions parfois douze ou quinze kilomètres sans rencontrer un arbre ni une maison. Souvent on apercevait des vautours en train de dépecer un chameau crevé. Au milieu de ces immensités de terres rouges brûlées, la désolation n'était coupée que par quelques points d'eau qui permettaient une maigre végétation. De rares oasis plus importantes avaient donné naissance à des villes, telles Mouslimiyé, Ama et Radjou.

Le train arriva vers quatorze heures à Meïdan, petite commune de 2 000 habitants se trouvant à la frontière turque, au bord de la rivière Karasu. Sur la rive opposée, on voyait les postes turcs, avec les drapeaux rouges frappés de l'étoile et du croissant. La locomotive syrienne fut dételée et garée sous un petit hangar; un cheminot y actionnait une machine à vapeur, pour faire monter l'eau des profondeurs de la terre et remplir le tender.

Nous mangeâmes au buffet de la gare internationale, dont le patron parlait français. Nous n'étions pas obligés de déjeuner chez lui, puisque l'intendance nous fournissait des boîtes de conserve et du pain, mais le menu était appétissant : salades de concombres, de tomates, de piments et d'oignons, petits poulets nourris de graines d'herbes aromatiques, lapins sauvages, cailles et perdreaux.

Le mouktar, autrement dit le maire, vint nous rendre visite. Cet homme trapu semblait âgé d'une quarantaine d'années. Il était vêtu d'une chemise et d'un short.

— Vous êtes les premiers cheminots à venir dans ma commune, nous dit-il dans un français excellent. J'ai appris que vous alliez assurer la ligne et que vous prendrez quelquefois vos repos chez nous. J'espère que votre séjour y sera agréable. La Syrie n'est pas un aussi beau pays que la France, que je connais bien, mais nous essaierons par notre hospitalité de mieux vous faire supporter la séparation de votre patrie.

Il nous fit visiter la mairie, le jardin public très fleuri, le marché, puis nous emmena à l'école du village. À notre arrivée, l'instituteur ordonna aux gosses de se lever, et leur fit chanter *la Marseillaise* d'une façon impeccable.

— Voyez, messieurs, nous dit le mouktar, si nous sommes Syriens avant tout, nous pensons aussi à la France.

Nous fûmes très touchés de cette reconnaissance envers notre patrie : on ne l'aime jamais autant que lorsqu'on en est éloigné.

Vers dix-sept heures, il nous conduisit chez lui pour nous offrir des gâteaux, des crèmes et des petits pains à la farine de maïs. C'était un véritable lunch, accompagné d'arak, mais aussi de bière et de bonnes bouteilles de bordeaux. Le mouktar semblait être un bon démocrate, il parlait de la France avec admiration, mais il nous confia que les résultats de la guerre l'inquiétaient.

— J'aimerais inviter votre capitaine, dit-il en prenant congé de nous.

Durant cette première nuit à la frontière turque, les moustiques nous empêchèrent de fermer l'œil; nous avions bien des moustiquaires, mais percées comme du gruyère. En désespoir de cause, nous nous levâmes pour aller marcher sur les bords de la rivière. En face de nous se trouvait la Turquie, les étoiles brillaient dans un ciel sans nuages. En contemplant l'étoile polaire, la Grande

Ourse, la Petite Ourse, qui scintillaient dans la nuit d'Orient, je pensais à la France. À 4 500 kilomètres de là, des gens regardaient les mêmes étoiles, avaient peut-être les mêmes pensées. Mais bientôt le froid nous chassa : dans ces pays, la différence de température entre midi et trois heures du matin peut atteindre trente degrés. Pour cette raison, notre lieutenant-major nous avait imposé le port d'une ceinture de flanelle pendant la nuit.

Après avoir étudié le parcours Alep-Meïdan à deux ou trois reprises, je certifiai par écrit avoir une connaissance suffisante de la ligne. Une quarantaine de machines étaient déjà arrivées de France, et les ouvriers de la 8e section les avaient mises en état. Elles allaient servir à remorquer tous les trains sans exceptions, car la compagnie de chemin de fer syrienne DHP avait entièrement abandonné ce tronçon. Pour les trois Taurus-Orient-Express hebdomadaires, cette compagnie nous céda deux locomotives de montagne, de fabrication allemande, à cinq roues couplées : les machines 901 et 902. Nous étions en effet dans les contreforts des chaînes turques, et il fallait compter avec des rampes de 25 %. On peut s'étonner que l'Allemagne ait continué à fournir du matériel ferroviaire à la Syrie, pays qui se trouvait sous mandat français depuis le traité de Versailles. Mais la Syrie, tout comme le Liban, avait autrefois fait partie de la Turquie d'Asie, alliée aux Puissances centrales dans la Première Guerre mondiale, et l'empreinte germanique était restée très vivante. Celle-ci se retrouvait dans la signalisation et dans le port de l'uniforme. Lorsque nous descendions de notre machine dans une gare, les gens regardaient nos bleus avec curiosité; notre prestige de cheminots et notre orgueil de Français devaient en prendre un coup, mais ce n'était pas très grave.

Pendant qu'ils y étaient, les Allemands auraient pu essayer d'améliorer le point faible des chemins de fer syriens : la voie. Le profil n'était pas bien étudié, et surtout l'assise était mauvaise, par manque de ballast et de bonnes traverses en chêne. Les machines tanguaient beaucoup plus qu'en France, et on ne pouvait pas leur demander les mêmes performances.

L'exploitation put enfin commencer. Pour être franc, je dois avouer que les volontaires ne se bousculaient pas pour conduire des trains par quarante degrés à l'ombre. Certaines défections étaient justifiées, mais beaucoup de roulants se faisaient porter malades pour échapper à ces conditions inhumaines. C'est sans doute pourquoi personne ne réclama ma place lorsque je fus affecté à l'Orient-Express. Le règlement précisait que ce grand train international ne pouvait être assuré que par des mécaniciens autorisés à la conduite des rapides et des express, mais bien que je ne sois pas encore allé à l'école de perfectionnement du Mans, mon nom fut retenu dans les dossiers. Le chef de feuille venait de Bordeaux Saint-Jean, il me connaissait très peu; néanmoins il me prit en amitié et me prouva sa confiance en m'incorporant à ce service prestigieux. Quand on lui fit remarquer que je n'avais pas les qualifications d'un sénateur, il se contenta de répondre :

— Il est sous ma responsabilité.

Les choses en restèrent là, et pendant trois mois j'eus le bonheur d'assurer régulièrement ces trains sans le moindre incident. Pour effectuer le roulement sur Meïdan, nous étions six mécaniciens du sud-est et trois de la région ouest; mes deux collègues venaient respectivement de La Rochelle et de Cherbourg.

Les chauffeurs devaient être solides, car on leur

demandait un travail de titans. Heureusement, ils étaient aidés par les agents de dépôt qui faisaient basculer la machine et vidaient le cendrier. Les mécaniciens aussi leur donnaient la main pour rapprocher le charbon et charger le foyer dans les rampes. Mon camarade de Saint-Mariens était un excellent chauffeur, mais de petite nature. Il effectua la première tournée avec moi, mais dès la deuxième il montra qu'il n'était pas fait pour ces efforts démentiels. Totalement incapable d'assurer le train de retour, il revint à Alep en voyageur. Un surveillant de dépôt syrien, d'une trentaine d'années, le remplaça au pied levé, après huit heures de travail; malgré sa vaillance, il arriva très fourbu à destination.

Pour succéder à mon compagnon déficient, on nomma un élève mécanicien du dépôt du Mans, dont la sœur était mariée avec un surveillant de Saint-Mariens. C'était un garçon solide, en bonne condition physique, et qui résistait bien à la chaleur. Aussi resta-t-il avec moi jusqu'à la fin juin, c'est-à-dire jusqu'à l'armistice.

Si je devais résumer cette période en un mot, je choisirais « soif ». Pour supporter la fournaise infernale d'une machine à vapeur sous un soleil de plomb, il était vital de boire de grandes quantités de liquide. Ceux qui nous accusaient d'exagération ne prouvaient que leur ignorance, comme un lieutenant bureaucrate en fit la pénible expérience.

Un soir, nous dînions au corps de garde, quand le lieutenant du bureau d'ordre se dirigea vers moi :

— Péroche, c'est vous qui assurez l'Orient-Express demain?

— C'est exact.

— Eh bien, je partirai avec vous sur la machine. J'ai demandé l'autorisation écrite au capitaine, qui me l'a accordée.

Cette décision était très surprenante; il fallait être fou pour monter avec l'équipe traction quand on pouvait profiter des conditions idéales des voyageurs. Mais il valait mieux ne pas chercher à comprendre.

Le lendemain matin, le lieutenant nous rejoignit sur la machine 901 pendant les préparatifs de départ. Il était méconnaissable, ayant troqué sa tenue militaire contre des treillis bleus et un béret basque. Il m'expliqua d'emblée les raisons de sa présence parmi nous. La veille, le chef mécanicien était revenu de la frontière turque en se plaignant gros comme le bras, et en proclamant à qui voulait l'entendre qu'il était inhumain de conduire des trains à vapeur par des chaleurs pareilles.

— Après tout, c'est votre travail, lui avait rétorqué le lieutenant.

— Je voudrais bien vous y voir, avait répondu le chef mécanicien. Vous seriez incapable d'aller jusqu'au bout du parcours sur la machine.

— Je relève le défi! Je vais demander l'autorisation au capitaine, afin de me rendre compte par moi-même si réellement c'est si terrible que cela.

Dès qu'il fut monté sur la machine, je demandai l'ouverture du signal carré de sortie du dépôt. Nous emportions un ravitaillement important pour les deux jours à venir : des boîtes de conserve, du pain, et surtout des boissons. Quatre ou cinq litres de vin d'Algérie étaient excellents pour remonter le moral durant les repas, mais nous n'en buvions pas une seule goutte en route : nous n'aurions pas été loin! Pour éviter la déshydratation, nous préparions chacun trois litres d'eau coupée de café ou d'un verre d'arak. Aussi étais-je inquiet de voir le lieutenant les bras ballants, sans aucune provision.

— Je n'ai rien apporté, me dit-il, parce qu'on m'a informé qu'il y avait un buffet à Meïdan. Je reviens ce soir en voyageur par l'express de Turquie.

— Ne vous inquiétez pas, nous avons prévu six litres. Il y en aura pour vous.

— Je suis comme les chameaux, déclara-t-il en se redressant. Je bois rarement.

— Eh bien, vous ne résisterez pas, vous serez obligé de boire.

Il faisait déjà 35 degrés à l'ombre quand l'express entra en gare, en provenance de Mossoul. Pendant que la machine turque était dételée et conduite au dépôt, j'allai chercher le wagon-restaurant. Je m'accrochai ensuite au train, et après l'essai de frein je pris la direction de Mouslimiyé, notre premier arrêt sur le chemin de la Turquie. Comme la plupart des roulants, mon compagnon et moi sucions un petit caillou ou un noyau de cerise pour éviter d'avoir la bouche trop sèche.

Peu après Mouslimiyé, mon chauffeur but quelques gorgées. Je pus tenir quelques minutes de plus parce que je ne chargeais pas le foyer, mais bientôt je saisis la bouteille à mon tour. Quand je la présentai au lieutenant, il la repoussa en me rappelant sa détermination :

— Merci, Péroche. Je vous ai dit que je ne boirai pas.

— Nous ne sommes pas rendus. Vous ne pourrez pas résister.

Nous arrivâmes en gare d'Ama, où deux Syriens firent le plein d'eau puis rapprochèrent du charbon. Je profitai de l'arrêt pour compléter mes bielles motrices, car la chaleur entraînait une énorme consommation d'huile. Avant de repartir, j'allai me mettre sous la prise d'eau avec mon compagnon; ouverte en grand, elle nous noyait complètement. Nous jouissions d'un relatif bien-être dans la demi-heure qui suivait cette douche, mais ensuite la soif revenait.

Je proposai plusieurs fois la bouteille au lieutenant, en ne m'attirant que des refus. Cependant je sentais qu'il mollissait : seul l'orgueil l'empêchait d'avouer qu'il mourait de soif. Au bout d'un moment, je décidai de me fâcher :

— Mon lieutenant, assez la comédie! Vous ne pouvez plus tenir. Buvez!

Il me regarda et prit la bouteille. En me la rendant, il fut ahuri de constater qu'il en avait vidé un demi-litre.

— Et vous? me demanda-t-il.

— Ne vous en faites pas, il y en aura assez.

— C'est terrible. De ma vie, je n'ai eu si soif.

Nous abordions de très fortes rampes, qui m'obligeaient à mettre au feu pour soulager mon compagnon. L'heure de midi approchait, et avec elle les températures les plus élevées de la journée. Je sentais que le lieutenant se retenait en nous voyant vider allègrement les bouteilles.

— Buvez, chef, le priai-je. Nous tâcherons de faire le plein à la gare de Radjou.

J'y arrivai avec deux minutes d'avance, qui s'ajoutèrent aux trois minutes de stationnement prévues pour nous laisser un certain répit. Après avoir fait le plein du tender à la prise d'eau, nous réussîmes tant bien que mal à remplir trois bouteilles, ce qui était suffisant pour gagner Meïda. Enfin nous atteignîmes notre destination; la machine fut coupée, et le surveillant de dépôt nous remplaça. Avant même de songer à nous laver, nous nous précipitâmes vers le buffet.

— Vite, vite, à l'abreuvoir!

Et le lieutenant marchait en tête! Les employés du wagon-restaurant, qui étaient toujours très gentils avec nous, me donnèrent au passage un quart de pain de glace. En entrant dans le buffet, je fis un signe au patron, qui nous fit apporter sur le champ une bouteille d'arak et plusieurs carafes d'eau glacée.

— Ce n'est pas pour nous! s'exclama le lieutenant en montrant la bouteille.

C'était un homme extrêmement sobre, un bel exemple.

— C'est pour nous, mon lieutenant. Pris en quantités raisonnables, ça ne peut pas faire de mal. Le lieutenant-major en boit bien.

Il ne protesta pas quand je lui en versai un verre, et il eut l'air d'apprécier; il est vrai qu'il avait une soif de lionne. En se lavant au corps de garde, il paraissait tout guilleret : son moral était sûrement meilleur que s'il avait bu de l'eau minérale!

Nous retournâmes ensuite au buffet, où l'on nous servit un excellent lapin de garenne sauté à la poêle, accompagné de pommes de terre. Le lieutenant avait faim, et je lui proposai du vin d'Algérie pour faire couler le lapin.

— Je ne suis pas habitué, me dit-il. J'ai peur que ça me fasse du mal.

— Au contraire. Du vin comme ça vous donnera du sang.

Il sembla convaincu.

Après déjeuner, nous marchâmes jusqu'à la rivière pour voir la frontière et la chaîne des hautes montagnes turques qui se profilait à l'horizon. En fin de journée, j'accompagnai le lieutenant à la gare : il repartait à Alep par l'Orient-Express.

— Je n'oublierai jamais cette belle journée passée avec des gueules noires, me dit-il en prenant congé. À présent, je comprends mieux votre métier, et je reconnais le grand mérite que vous avez à l'accomplir.

Le train démarra. Je lui serrai la main.

— Bon voyage, mon lieutenant.

Après la guerre, je revis plusieurs fois cet homme cultivé, intelligent, très à cheval sur les principes mais d'une grande humanité. Il aimait me rappeler cette tournée à la frontière turque et m'assurait qu'il en avait gardé un excellent souvenir.

La chaleur n'était pas la seule particularité de ce pays, et le cheminot habitué aux conditions françaises rencontrait fréquemment des sujets d'étonnement. Un jour de mai où j'assurais comme d'habitude mon express international, je quittai la gare de Radjou et accélérai pour prendre une vitesse de 60 ou 70 kilomètres à l'heure. Soudain, dans une courbe, je tombai nez à nez avec un gigantesque troupeau de moutons : peut-être cinq ou six cents têtes. Je donnai un vigoureux coup de frein, mais il n'y avait rien à faire pour éviter de rentrer dans le tas. Les pauvres bêtes roulaient autour de la machine comme des balles de coton. La plupart réussirent à s'échapper de part et d'autre de la voie, mais en me retournant je constatai qu'une trentaine de moutons jonchaient le sol.

Le train continuait à rouler à 20 kilomètres à l'heure; la machine n'avait rien. Comme il était inutile de s'arrêter pour perdre trente à quarante minutes, je repris la vitesse normale dans une odeur de viande grillée. Arrivé à Meïdan, je fis la visite de la machine durant le plein d'eau : plusieurs tuyaux graisseurs étaient coupés, d'autres déformés, mais dans l'ensemble il n'y avait rien de grave. Par contre il fut nécessaire de prendre un jet d'eau bouillante pour laver la traverse avant de la machine, complètement maculée de sang de mouton. L'incident ne fut même pas mentionné par le chef de train, et il resta sans suite.

Une autre anecdote assez surprenante eut lieu au dépôt de Meïdan. Il était environ sept heures du matin, et je graissais les bielles de ma locomotive, tandis que mon compagnon nettoyait la chaudière. Nous nous dépêchions car le soleil, se levant à trois heures, était déjà haut dans le ciel. La chaleur commençait à se faire sentir. L'agent pompeur d'eau habitait avec sa famille dans une maison située juste en face de la réserve des machines. Selon la coutume de ces pays, il était père de nombreux enfants.

Deux de ses gosses étaient assis sur un tapis, à l'ombre de la maison; le plus jeune tétait un biberon de lait. Tout à coup on entendit des cris perçants : la femme du pompiste avait aperçu un énorme serpent qui se dirigeait tout droit vers ses petits, sans aucun doute attiré par le lait.

Le Syrien bondit, saisit son fusil et tira sur l'animal qui n'était plus qu'à une quinzaine de mètres des enfants. Le serpent, touché en pleine tête, fit un saut d'un mètre de haut et retomba massacré. Il était gros comme mon poignet et mesurait plus de deux mètres. Quel pays! pensai-je.

— Ce n'est pas la première fois, me dit le pompiste. Les serpents pullulent dans le secteur.

Quelques jours plus tard, l'occasion nous fut donnée de le constater. Le train express arrivait à treize heures à Meïdan, et nous avions pris l'habitude d'aller marcher sur les bords de la rivière Karasu après manger. Ce jour-là, la fraîcheur de l'eau était si attirante que je décidai de me baigner avec un camarade du dépôt d'Agen. Je me souviendrai longtemps de l'espèce de long ruban qui se dirigea vers nous, alors que nous nous trouvions au milieu de la rivière : c'était un énorme serpent, qui ne venait sûrement pas nous faire des politesses! Je crois bien que la peur nous fit approcher du record du monde du 100 mètres nage libre! Une fois sur le rivage, je me jurai de ne jamais plus barboter dans des contrées aussi hostiles.

Mais je ne voudrais pas donner l'impression que tous les animaux du Karasu sont les ennemis de l'homme. À la fin du mois de mai, je conduisis sur les bords de la rivière un chef mécanicien de Nîmes, qui nous avait accompagnés sur la machine. En arrivant, nous aperçûmes les gardes-frontière turcs en pleine agitation sur l'autre rive : ils venaient de pêcher une énorme carpe d'au moins trente livres, ce qui donne une idée de son âge canonique. Le chef mécanicien était un pêcheur passionné, et cette vision l'enthousiasma :

— S'ils voulaient la vendre, je l'achèterais volontiers.

Nous avions avec nous un mécanicien syrien âgé de près de soixante ans, la retraite étant là-bas beaucoup plus tardive qu'en France. Comme il parlait très bien le turc, il interpella les pêcheurs. Ceux-ci traversèrent la rivière à gué et vinrent parlementer au sujet de la carpe. Lorsqu'ils comprirent qu'un militaire français désirait ce beau poisson, ils refusèrent de recevoir de l'argent, trop heureux de le lui offrir. En rentrant au buffet, le chef demanda au patron de lui préparer la carpe pour le dîner. Durant le repas, nous arrosâmes comme il se doit ce geste de sympathie de nos amis turcs, et je dois dire que le poisson centenaire effaça le mauvais souvenir du serpent d'eau.

À la fin du mois de mai, de bien mauvaises nouvelles arrivèrent de France : le front était crevé, les Allemands approchaient de Paris. Weygand avait été rappelé, et l'on disait qu'il s'efforçait de rétablir la situation. Les actualités cinématographiques, très optimistes, ne parlaient que de contre-attaques françaises, qui cependant n'avaient jamais lieu.

J'appris la catastrophe dans les premiers jours de juin. Je revenais de la frontière turque avec mon express, quand un train de marchandises me croisa en gare d'Ama. Le mécanicien, originaire du dépôt de Niort, me cria :

— Les Allemands ont passé la Loire! Ils se dirigent vers le sud-ouest!

Je ne voulus pas le croire, mais la nouvelle me fut confirmée en arrivant à Alep. Une immense déception s'abattit alors sur nous.

Ce fut ensuite l'armistice, et l'appel du général de Gaulle, qui fut diffusé plusieurs fois sur Radio-Damas et Radio-Jérusalem. Tous ces événements dramatiques provoquèrent une confusion générale au Moyen-Orient : des officiers de carrière passaient en Palestine pour gagner Londres par l'intermédiaire des Anglais, tandis que d'autres acceptaient la défaite.

La veille de l'entrée en guerre de l'Italie au côté de l'Allemagne, cinquante-trois machines sur cinquante-cinq étaient arrivées à Alep. Les cheminots italiens, hostiles à la guerre, avaient continué à laisser passer les trains, et nos camarades français qui accompagnaient les machines avaient été très bien traités par leurs collègues de la Péninsule. Le rail est une famille qui ignore les frontières, comme j'aurai encore plusieurs fois l'occasion d'en faire la preuve.

J'assurai mon dernier train à la fin du mois de juin, de Meïdan à Alep. À bord de cet ultime Orient-Express se trouvait la commission d'armistice, composée d'Allemands et d'Italiens. En gare d'Alep, je vis descendre vingt à vingt-cinq personnes, certaines en civil, d'autres coiffées de casquettes à rehausses; ces uniformes allaient malheureusement me devenir familiers au cours des années suivantes... Des voitures les attendaient pour les emmener à Damas, car il n'y avait plus de ligne de chemin de fer. La guerre était bien finie, et nous n'avions plus rien à faire en Syrie.

Il fallut pourtant attendre trois mois avant de pouvoir rentrer en France. Comme les dizaines de milliers de militaires français qui se trouvaient alors au Moyen-Orient, nous étions complètement désœuvrés, réduits à nous rendre presque tous les soirs au cinématographe. Certains donnaient des films arabes, et il nous était interdit d'y entrer. D'autres étaient mixtes, mais l'un des côtés était réservé aux militaires et aux civils européens, tandis que les Arabes étaient assis derrière des grilles; ils passaient des films français, américains ou anglais. Mais notre cinéma préféré était celui du Cercle catholique, qui n'accueillait que du beau monde : des officiers, des sous-officiers, des directeurs de grandes entreprises accompagnés de leurs femmes et de leurs filles. Sans faire de racisme, il est bien agréable de se retrouver entre Français dans ces pays étrangers.

Rien n'était plus surprenant que de voir le nombre de militaires de la 8e section qui se rendaient à la messe le dimanche matin. Le Cercle catholique était dirigé par un capitaine, prêtre dans le civil, d'une intelligence supérieure et d'une grande bonté. Cet homme extraordinaire répétait constamment :

— Le Cercle est ouvert à tout le monde, aux croyants comme aux non-croyants. Pour moi, vous êtes tous mes fils.

J'avais alors quelques bons camarades communistes, donc anticléricaux; ils se trouvaient si bien au Cercle qu'ils y étaient toujours les premiers rendus. Nous profitions de la bibliothèque, des jeux, de la musique et du bar où les consommations étaient très bon marché. Le capitaine avait même préparé une excursion en car pour visiter les lieux saints, mais son projet était tombé à l'eau à cause de l'armistice.

Malgré tout, le temps semblait bien long dans une telle inactivité, d'autant plus que je ne recevais aucune lettre de France. J'étais très inquiet de ce silence, car beaucoup de mes camarades continuaient à entretenir une correspondance régulière; l'explication de ce mystère ne me fut donnée que lors de mon retour en France. Ma femme avait commis l'erreur de croire les bruits que certains faisaient courir :

— Pour que vos lettres arrivent en Syrie, il faut qu'elles soient postées en zone libre.

Elle donnait donc régulièrement ses enveloppes aux mécaniciens se rendant à Bordeaux, pour qu'à leur tour ils les remettent à ceux qui passaient en zone libre. Curieusement, ces lettres ne se perdirent pas complètement, puisque plusieurs me parvinrent quelques années après.

Au début du mois de septembre, les Allemands demandèrent notre rapatriement d'urgence, parce qu'ils avaient besoin de cheminots en France. Mais les choses n'étaient pas aussi simples : les bateaux étaient rares, et les Anglais, maîtres incontestés de la Méditerranée, contrôlaient systématiquement ceux qui partaient pour la France. On pensa alors à nous faire traverser l'Europe par l'Orient-Express, mais cette proposition se heurta au refus catégorique de l'état-major, qui ne voulait pas avantager une catégorie de militaires par rapport aux autres : privilégier les cheminots aurait eu le plus mauvais effet sur le moral des troupes. Aussi nous fallut-il attendre la fin septembre pour entreprendre le voyage de retour.

Le jour du départ, j'eus la plus belle peur de tout mon séjour en Syrie. Nous avions eu beaucoup de malades dans les mois précédents, et la fièvre avait même emporté six ou sept de nos camarades. Pour survivre, la règle impérative était de prendre tous les jours de la quinine; ceux qui l'oubliaient le faisaient à leurs risques et périls. Je n'avais jamais négligé cette précaution, et c'est sans doute pourquoi je n'avais pas eu la plus petite indisposition. À la veille de prendre le train pour le Liban, je fus surpris par une fièvre accompagnée d'un violent mal de tête. Je cachai cependant mon état et me gardai bien d'aller voir le major, de crainte qu'il ne m'envoie à l'hôpital. Si je ne prenais pas ce train, mon rapatriement risquait d'être remis à beaucoup plus tard.

Je me bourrai de quinine, peut-être de façon exagérée, et montai le soir dans mon wagon avec près de 40 degrés de température. Presque inconscient, je pensais qu'on allait certainement m'hospitaliser à Beyrouth. Mais un véritable miracle se produisit : ma fièvre disparut comme elle était venue. Je descendis du train frais comme un gardon, et je pris mon petit déjeuner de bon appétit, absolument stupéfait d'être guéri aussi rapidement.

À Beyrouth, des camions nous conduisirent une nouvelle fois au camp T2, où il fallut encore attendre une dizaine de jours avant d'embarquer. La nuit, couchés sur de simples paillasses, nous écoutions le hurlement des chacals dans la montagne toute proche. Dans la journée, nous allions au restaurant, puis nous nous promenions en nous arrêtant parfois dans les auberges. La compagnie de chemin de fer ayant attribué d'importantes primes traction aux conducteurs de train, nous n'étions pas à cours d'argent. J'étais même à la tête d'une véritable petite fortune, car c'était moi qui avait assuré le plus grand nombre de trains et, qui plus est, d'express internationaux.

Enfin, un beau matin, on nous avertit que le *Désirade* appareillerait le lendemain à onze heures pour la France. À cette nouvelle, l'explosion de joie fut indescriptible : nous sentions déjà l'odeur de la patrie. Tout le monde était embarqué à l'heure prévue pour le départ, mais celui-ci fut remis en cause par les Anglais. En effet le navire était mixte : il transportait non seulement des militaires et des familles de rapatriés de Syrie et du Liban, mais aussi des denrées dont les Allemands auraient pu profiter en France. Le message des Anglais précisait : « Si le bateau part avec sa cargaison de chevaux et de lentilles, nous le torpillerons. »

Les autorités françaises se plièrent à ces exigences, et finalement le *Désirade* quitta le port de Beyrouth vers dix-huit heures. La nuit était tombée lorsque nous nous éloignâmes lentement, comme à regret, de la capitale libanaise illuminée par des milliers de petites taches scintillantes.

Si, à l'aller, nous avions traversé la Méditerranée à toute vapeur, le retour fut bien différent. Avant l'armistice, la marine française disposait de charbon de bonne qualité, en général de provenance anglaise, mais à présent elle devait se contenter du poussier des mines du Massif central, qui formait du mâchefer et de la cendre; aussi fallait-il nettoyer et décrasser le feu toutes les sept ou huit heures.

Le danger avait également changé de bord : à l'aller nous marchions tous feux éteints pour échapper aux Allemands; au retour les ponts étaient bien éclairés par crainte des Anglais. Toute la nuit, de puissants projecteurs étaient dirigés sur une grande banderolle fixée aux cheminées, et sur laquelle était écrit le mot FRANCE.

Le lendemain de l'appareillage, au milieu de l'après-midi, nous admirions le bleu d'azur de la Méditerranée, accoudés au bastingage, lorsqu'un avion anglais piqua sur le navire en lançant des étincelles : nous comprîmes aussitôt que c'était du morse. Le camarade qui se trouvait avec moi le connaissait et put déchiffrer le message répété trois fois : « Stoppez et attendez les ordres. »

Le *Désirade* s'arrêta aussitôt. Avant l'arrivée du commando de contrôle, des sacs de courrier sans doute compromettant furent brûlés dans les chaudières. Les passagers durent attendre la tombée de la nuit pour voir apparaître à l'horizon les mâts et les cheminées d'un cuirassé anglais. Une demi-heure plus tard, une vedette accosta, et plusieurs officiers de la Royal Navy montèrent par l'échelle d'embarquement. Ils fouillèrent le bateau de fond en comble et repartirent au bout d'une heure sans donner aucune instruction. Nous dérivions au gré des courants, car l'ancre était inutilisable en raison de la profondeur des fonds. Soudain l'avion réapparut, et il nous ordonna en morse : « Reprenez votre route. » Les machines se remirent en marche, et le *Désirade* se dirigea vers l'ouest.

Comme à l'aller, officiers et sous-officiers prenaient leurs repas ensemble, mais cette fois-ci je n'avais pu faire admettre mon camarade de Saint-Mariens. Heureusement, la nourriture des hommes de troupe était bien meilleure que sur le *Patria.* Nous nous étions attendus à des restrictions, mais les repas étaient copieux et les plats excellents. Si le charbon était de deuxième qualité, nous avions toujours notre compte de pains au lait, de croissants, de chocolat et de breuvages délicieux.

Le navire poursuivit son chemin au ralenti, c'est-à-dire à un maximum de 7 à 8 nœuds, jusqu'en Crète. Là, au lieu de remonter vers le nord et de traverser la mer Ionienne, il prit la direction du sud pour se retrouver en face du port de Bizerte cinq jours après avoir quitté Beyrouth. Personne ne savait pourquoi nous étions là, et encore moins quand nous repartirions : c'était le mystère le plus épais. Pour occuper nos journées, nous nous baignions dans la grande bleue et nous promenions dans la ville tunisienne.

Après une semaine d'attente, nous reçûmes enfin l'ordre de lever l'ancre à minuit. Aussitôt, le capitaine fit charger du combustible de bonne qualité et du ravitaillement pour les passagers : de la viande, des fruits, des légumes et du vin. Un pilote nous fit sortir du chenal à l'heure dite, et sans que le bateau s'arrête, il sauta dans sa vedette et nous salua de la main. Mais à la surprise générale, le *Désirade* obliqua alors vers l'ouest au lieu de mettre le cap au nord.

Le navire alla se placer devant le port de Bône, pour se joindre le lendemain matin vers sept heures à un convoi qui quittait l'Algérie. Le charbon de Bizerte nous permettait de marcher à bonne vitesse, et grâce aux victuailles qui avaient été embarquées, nous ne risquions pas de mourir de faim.

En revanche, nous frôlâmes la mort d'une toute autre façon. Le capitaine avait ordre de suivre les côtes italiennes et de se faire repérer par les sémaphores de ce pays, dont l'abord était protégé par des champs de mines. En pleine nuit, l'un des navires de notre convoi, qui transportait des troupes d'Afrique du Nord réintégrant la France, sauta sur l'une de ces mines. Il y eut plusieurs morts dans l'explosion, ainsi que des noyés et des disparus.

Les survivants furent récupérés, et nous continuâmes à longer la Péninsule dans une grande inquiétude. Au lieu de franchir le détroit de Bonifacio, ce qui aurait considérablement raccourci notre route, nous entrâmes dans le golfe de Gênes, pour suivre ensuite les côtes françaises. Le *Désirade* passa devant la rade de Toulon, et bientôt entra dans le port de Marseille. Nous étions au début du mois d'octobre, le climat syrien était bien loin : les températures étaient fraîches et le brouillard épais. Après huit mois d'absence, nous débarquâmes sur le sol de notre pays meurtri par la défaite.

Les cheminots du Sud-Ouest ne restèrent que deux jours au camp Sainte-Marthe; ils partirent pour Nîmes, et de là gagnèrent Millau pour y être démobilisés. Je rendis ma tenue militaire, en échange d'un costume civil de couleur kaki prévu pour les rapatriés, qu'on appelait à l'époque le « costume Pétain ». Le lendemain de notre arrivée à Millau, je me promenais de bonne heure dans la campagne avec quelques camarades, quand un groupe de paysans déjà au travail nous invita à vendanger. Nous acceptâmes très volontiers, ce qui nous valut deux bons repas en compagnie de gens du Midi qui n'engendraient ni la mélancolie ni la morosité.

Quatre jours après, les Allemands autorisèrent un convoi sur Bordeaux. On composa un train spécial, formé de seize grandes voitures métalliques dont les compartiments avaient été enlevés, afin de loger près de 2 000 soldats rapatriés. En tant que sergent-chef, j'eus la responsabilité d'une voiture. Les hommes s'assirent par terre après avoir touché des boîtes de sardines, de singe et de pâté; nous n'avions rien à boire, mais il n'y avait heureusement qu'une seule nuit à passer dans ces conditions. Les rapatriés de mon wagon étaient presque tous des rescapés du bateau qui avait sauté sur une mine au large de l'Italie; ils avaient tout perdu, sauf la vie.

Vers neuf heures du matin, nous arrivâmes à Langon, sur la ligne de démarcation. Quatre Prussiens visitèrent le train avec un grand sérieux. Ils s'apprêtaient à vérifier les papiers de tous les voyageurs, lorsqu'ils comprirent que nous étions des cheminots; ils nous laissèrent alors passer sans aucune formalité. À dix heures trente, nous étions dans notre bonne ville de Bordeaux.

Comme nous disposions de deux heures de battement avant le départ du train de Nantes, nous en profitâmes pour aller faire un tour. Mais nous comprîmes très vite que les restrictions étaient de rigueur : on pouvait trouver de la bière, de la limonade, des eaux minérales, mais catastrophe, pas de vin! À la boulangerie, on nous demanda des tickets, et nous dûmes expliquer d'où nous venions pour qu'on nous vende du pain. Nous faisions connaissance avec l'occupation. Il nous restait heureusement quelques boîtes de conserve que nous allâmes manger au corps de garde des agents de train de la gare Saint-Jean.

J'y trouvai le vieux chef de train avec lequel j'avais passé la nuit de Noël 1938, sous le tunnel de Lormont de sinistre mémoire. C'était un Saintais qui connaissait bien ma famille : il m'apprit que mon frère mécanicien au dépôt d'Achères était prisonnier, et que mes parents se portaient bien. Je rencontrai ensuite un chef de train de Saint-Mariens qui me donna des nouvelles de ma femme et de ma fille. Après cinq mois de silence et d'inquiétude, j'étais enfin rassuré sur leur compte.

Je pris l'express de douze heures trente et arrivai à Saint-Mariens trois quarts d'heure plus tard. À peine étions-nous descendus du train, que nos amis cheminots et employés du buffet nous sautèrent dessus.

— On n'espérait plus votre retour! Comme tu es beau, Péroche, dans ton costume Pétain!

Le train quitta la gare durant ces effusions. Avant de passer devant le dépôt, les camarades qui continuaient vers le nord reconnurent ma femme dans son jardin. Par les fenêtres des wagons, ils lui firent signe que j'étais rendu. Elle comprit aussitôt et vint à ma rencontre en courant.

— Je ne croyais jamais te revoir, me dit-elle toute essoufflée.

Ce fut un moment inoubliable, que je ne me sens pas la force de décrire.

— Viens voir Madeleine.

Je la suivis dans notre logement. Antoinette réveilla l'enfant endormie. Je la trouvai changée : elle avait un peu plus de deux ans, ses cheveux avaient poussé. Elle me regarda sans me reconnaître.

— C'est ton papa, lui expliqua Antoinette.

— Papa, dit-elle alors en ouvrant les bras.

La fonte des plombs

L'occupation avait complètement bouleversé les activités du dépôt de Saint-Mariens. Certains services réguliers continuaient à être effectués sur Coutras, Libourne, Châteauneuf, Saintes et Bordeaux, mais les trains des Allemands avaient priorité absolue. C'est ainsi que le trafic sur Blaye s'était énormément développé afin d'assurer le transport de l'essence, et que de nombreux convois de munitions avaient lieu sur Bédenac et Jonzac. Des cheminots germaniques dirigeaient la gare, ils étaient désormais entièrement responsables de l'exploitation et de la traction. Nous préférions d'ailleurs avoir affaire à eux plutôt qu'aux militaires, véritables brutes aveugles grisées par les succès. Bien sûr nos collègues d'outre-Rhin étaient chez nous en occupants, mais ils se montrèrent toujours corrects et compréhensifs pour leurs homologues français.

Les premiers jours, je fus dispensé du service par ordre de l'arrondissement, afin de « me reposer ». Le motif de ce congé était plutôt comique, puisque je sortais de quatre mois d'inactivité presque totale, mais je sautai sur l'occasion pour aller voir mes parents à Saintes, et pour reprendre contact avec tous mes amis. Ensuite, je rembauchai plein de force et de santé dans un dépôt qui travaillait au maximum.

La reprise de mon activité en France fut marquée par une histoire épouvantable, d'une grande complexité. Je vais présenter les faits avec une objectivité scrupuleuse, avant de décrire les nombreux rebondissements de cette curieuse affaire. À la fin du mois d'octobre 1940, je fus commandé pour assurer le train ouvrier qui quittait Saint-Mariens vers six heures et repartait de Bordeaux le soir à dix-neuf heures. J'avais ce jour-là comme chauffeur un élève mécanicien qui connaissait bien son métier. La veille, le chef de réserve [1] m'avait demandé de lui rendre un service :

— Puisque vous serez à Bordeaux dans la journée, voudriez-vous me rapporter mon costume? Vous savez, c'est la maison de confection de la rue Sainte-Catherine.

— Bien sûr, si ça peut vous arranger.

— Merci d'avance. Je vous attendrai en gare demain soir.

L'aller s'effectua dans d'excellentes conditions. Notre machine venait d'arriver de La Roche-sur-Yon; elle allait plutôt bien dans l'ensemble, mais on voyait qu'elle n'était pas en parfait état, l'entretien n'ayant pas toujours été très consciencieux. Je passai chercher le costume du chef dans l'après-midi et le rangeai soigneusement dans le coffre arrière du tender. Nous quittâmes Bordeaux à l'heure prévue et arrivâmes à Saint-André-de-Cubzac avec un tube à niveau aux trois quarts plein et du gaz à

1. Dans la hiérarchie des chemins de fer, le grade de chef de réserve est immédiatement inférieur à celui de chef de dépôt. Les chefs de réserve dirigeaient en général des dépôts d'importance secondaire.

revendre : nous pouvions attaquer la rampe de 12 % en toute tranquillité.

Soudain, à mi-rampe, mon compagnon décela une anomalie, alors qu'il chargeait le feu.

— J'entends une fuite dans le foyer, me dit-il d'une voix assez inquiète.

Je me penchai à mon tour pour regarder.

— Je ne vois rien... Mais tu as raison, moi aussi j'entends une fuite. Bah, c'est sans doutc un tube à fumée. On va quand même essayer de rentrer à Saint-Mariens.

Avec une nouvelle charge le bruit s'accentua nettement; cela devenait franchement inquiétant. En entrant en gare d'Aubie-Saint-Antoine, je freinai énergiquement car le train roulait encore à 80 kilomètres à l'heure. J'ouvris la porte et m'aperçus aussitôt que la fuite ne venait pas d'un tube à fumée, mais du ciel du foyer, donc de l'un des deux plombs fusibles.

— Ça ne peut pas être une fonte de plomb par manque d'eau, dis-je à mon chauffeur, puisque l'injecteur alimente la chaudière au maximum.

— Oui, c'est exact. Malgré la fuite, le tube est à moitié plein.

D'habitude, la fonte des plombs est si soudaine qu'elle donne l'impression d'un véritable coup de canon. La vapeur sort par deux trous de deux centimètres de diamètre, sous une pression de 15 kilos. L'effet est terrifiant. Là, nous nous trouvions face à une fuite progressive. D'autre part la fonte se produit soit dans une déclivité, soit à l'arrêt, alors que nous l'avions décelée dans une rampe.

Nous jetâmes le feu sans plus attendre, mais il était trop tard : l'eau passa par le plomb fondu et disparut du tube, ce qui provoqua la fonte du second plomb. J'établis alors ma demande de secours par l'avant, c'est-à-dire à la gare de Saint-Mariens. Les voyageurs étaient descendus des compartiments et contemplaient la machine morte, sans pression ni feu. Certains grognaient un peu, car ils allaient ce soir-là dîner avec une heure de retard. Pour ma part j'étais atterré, d'autant plus que je ne comprenais rien à l'accident.

Enfin la locomotive de secours arriva; elle prit ma machine et le train en remorque jusqu'à Saint-Mariens. Je n'ai pas besoin de décrire la réception que me firent le chef de réserve et le chef mécanicien. Le premier me réclama son costume avant même que j'aie pu fournir quelque explication. Toutefois, l'un comme l'autre étaient des amis, j'avais même roulé comme chauffeur avec le chef mécanicien; aussi écoutèrent-ils mon récit sans broncher. Mais je sentais bien qu'au fond d'eux-mêmes ils restaient sceptiques : comment des plombs pouvaient-ils fondre avec de l'eau sur le ciel du foyer? Affirmer une telle absurdité, c'était contredire l'un des principes fondamentaux de la sécurité des machines à vapeur. Personne ne voudrait me croire, personne ne me défendrait. Il était évident qu'on allait me mettre cette faute très grave sur le dos. Pourtant j'étais sûr de moi, j'avais la conscience tranquille...

Je ne pus presque rien avaler en rentrant à la maison, et de toute la nuit, je ne fermai pas l'œil une seule seconde. En 1936, lors du fameux rapide Royan-Paris, Henri IV et moi aurions dû les fondre cent fois, ces satanés plombs! Ce jour-là nous avions été si téméraires, si culottés, que nous l'aurions amplement mérité, mais la chance nous avait sauvés de la catastrophe. Aujourd'hui, elle nous manquait cruellement. Le coup était très dur pour mon compagnon élève mécanicien, dont la carrière risquait d'être injustement compromise. Enfin, me disais-je en ruminant dans le noir, c'est la vie!

Le lendemain à huit heures, le patron me donna la demande d'explication grand format, le sinistre modèle 53. Je racontai ce qui s'était produit avec la plus rigoureuse honnêteté, mais sans me bercer d'illusions : de tout temps, les roulants frappés par cette mésaventure avaient cherché des circonstances atténuantes.

Le verdict arriva dans la matinée, sous la forme d'un coup de téléphone de l'arrondissement : les deux coupables étaient descendus des machines pour trois mois. C'était la stricte application du règlement; la punition administrative viendrait après. La machine fut garée sous le dépôt, dans une zone interdite, et la porte du foyer scellée. Normalement, nous aurions dû retourner à l'atelier de réparation des locomotives, mais le manque de personnel roulant nous épargna ce sort. On nous affecta aux préparations et aux remplacements des équipes traction de quatre à douze heures.

L'enquête devait se dérouler en présence de l'inspecteur réparations de l'arrondissement, du chef d'équipe réparations de Saint-Mariens, du chef de réserve et, bien entendu, du mécanicien responsable de la fusion. J'étais en train de graisser une machine, lorsque l'inspecteur arriva de Saintes par l'express de neuf heures. Ce gradé nouvellement affecté à l'arrondissement avait entre trente-cinq et quarante ans. Il portait un costume de bonne coupe. Je le vis se rendre d'un pas alerte au bureau du chef de réserve.

Au bout d'une demi-heure, accompagné par ce dernier, il sortit vêtu d'un treillis bleu et se dirigea vers la machine où l'attendait le chef d'équipe. Les deux spécialistes entrèrent dans le foyer, tandis que le chef de réserve restait sur la plate-forme. Le temps passait, et l'on ne faisait toujours pas appel à moi; je commençais à être très intrigué... Enfin les deux hommes sortirent du foyer et reprirent avec leur collègue la direction du bureau, tout en discutant de façon très animée. Il était impossible que l'enquête soit déjà terminée : le principal intéressé, c'est-à-dire l'accusé, n'y avait même pas assisté! Peu avant midi, l'inspecteur alla déjeuner en costume au buffet, puis repartit pour Saintes par le train de treize heures.

Je décidai de faire part de mon étonnement à mon chef :

— Pourquoi est-ce que je n'ai pas été invité à l'enquête? C'est réglementaire. Le mécanicien et le chauffeur fautifs doivent être présents.

— L'inspecteur n'a pas jugé bon de vous faire appeler. Ne vous inquiétez pas, le foyer n'a aucun mal. Les plombs fusibles seront remis cette après-midi, et la machine sera allumée demain matin.

Effectivement, la locomotive fut remise en service avec des plombs neufs. Lorsqu'on essaya les injecteurs devant nous, ils fonctionnèrent impeccablement. Le mystère s'épaississait et, comme on va le voir, nous n'étions pas au bout de nos surprises.

La punition arriva quelques jours plus tard. Outre la descente pendant trois mois, le tarif en vigueur était un blâme de l'ingénieur en chef de Paris plus une retenue de plusieurs douzièmes sur les primes de fin d'année. Or nous ne fûmes punis que d'un blâme du chef d'arrondissement, ce qui était beaucoup moins grave, et de la retenue symbolique d'un seul douzième. Bien sûr la surprise était agréable, mais je ne pus m'empêcher de poser la question qui me démangeait :

— Pourquoi ne pas nous avoir infligé la punition statutaire?

Il allait encore falloir attendre un bon moment avant de connaître la réponse.

Nous continuâmes à embaucher le matin à quatre

heures pour les préparations et les remplacements. Nous étions surtout touchés moralement; quand nos camarades nous interrogeaient sur l'accident, nous nous contentions de hausser les épaules avec résignation.

— Trois mois, ça passera vite...

Un matin de novembre, juste après l'arrivée du courrier de l'arrondissement, le chef de réserve sortit précipitamment de son bureau, sa blouse noire volant au vent.

— Péroche, venez à mon bureau! J'ai reçu une note vous concernant.

— Que va-t-il encore m'arriver? soupirai-je. Rien de bon sans doute.

Il me tendit la note, ainsi rédigée : « Par ordre du service régional, vous remonterez le mécanicien Péroche et l'élève mécanicien X. Vous leur affecterez une machine dont ils seront titulaires, et vous les incorporerez dans le service régulier du roulement A. »

Les bras m'en tombaient. Je regardai le patron :

— Je ne comprends plus. Nous ne sommes descendus que vingt jours au lieu de trois mois. Pourquoi?

— J'en suis heureux pour vous. Vous allez prendre la machine 2-3-0-025.

Cette décision stupéfia tout le dépôt; on n'avait jamais vu ça! Je subis une avalanche de questions, mais j'étais bien incapable de satisfaire la curiosité de mes camarades!

Quelques jours plus tard, le contrôleur traction [2] de l'arrondissement vint faire une conférence, à laquelle je fus convié par mon patron. Je connaissais très bien l'orateur, qui avait été mon chef mécanicien à Thouars. À la fin de son exposé, il me fit signe de rester avec lui.

— Ce qui t'est arrivé est une malchance inouïe, me dit-il. Il n'est pas possible d'accorder les circonstances

2. Le contrôleur traction est le supérieur direct du chef mécanicien.

atténuantes pour une fonte de plombs, tu le sais bien, mais tu conserves notre confiance, ainsi que celle du chef d'arrondissement. La preuve, c'est que tu as été réintégré sur les machines bien avant le temps réglementaire de trois mois.

— Oui... mais est-ce que je pourrais avoir des précisions? Jusqu'ici on m'a laissé dans l'ignorance la plus complète.

— Ne me demande rien. Tes chefs ont jugé bon de te remonter, un point c'est tout. Ne cherche pas à comprendre. Fais ton travail consciencieusement, comme tu l'as toujours fait, et cette faute ne sera plus qu'un mauvais souvenir. Je te promets qu'elle ne laissera aucune trace pour l'avenir.

Il avait soulevé un petit coin du mystère, mais je restais tout de même très désorienté. Mes chefs étaient d'une gentillesse inhabituelle, ils me parlaient comme jamais ils ne l'avaient fait. Bah, laissons courir, me disais-je, on verra bien.

La routine avait repris son cours, le souvenir de l'accident s'estompait, lorsqu'au mois de février 1941 le chef me fit appeler.

— Péroche, me dit-il, vous êtes désigné par l'arrondissement pour suivre les cours de perfectionnement de l'école du Mans, afin de devenir mécanicien de rapides et d'express. Vous participerez à la prochaine session, à compter du 1er mars, et pour la durée d'un mois.

— Vous plaisantez?

— Non, non, pas du tout.

— Pour suivre ces cours, il ne faut avoir aucune punition grave sur le dossier. Ce n'est pas mon cas.

— Allons, Péroche!

— Je n'irai pas à l'école du Mans. Je veux qu'on me foute la paix.

— Allons, allons... Surtout ne refusez pas. C'est toute votre carrière que vous jouez. Soyez raisonnable.

— Rien à faire, je n'y vais pas.

— Bon. Eh bien vous confirmerez votre refus par une lettre, en précisant les motifs.

C'était un cadeau empoisonné qu'on me faisait là : j'avais beaucoup à perdre et pas grand chose à gagner. Les cours étaient très difficiles, et à la sortie, il n'y avait que dix élus pour une bonne trentaine de postulants. J'étais très désavantagé face à des mécaniciens qui sortaient de l'école professionnelle de Nantes, ou de l'école d'apprentissage du second degré de la SNCF. Mes chances étaient très minimes d'accéder aux premières places, et je n'avais aucune envie de me faire ridiculiser. Mais l'idée de nos chefs tenait debout : même en cas d'échec, nous aurions appris des choses nouvelles. Il faut aussi reconnaître que ces cours coûtaient cher à la SNCF, puisque les élèves étaient payés en déplacement complet sans rien produire pendant un mois.

Quand ils apprirent ma décision, tous mes amis s'efforcèrent de me faire changer d'avis :

— Accepte, on t'offre une chance comme tu n'en retrouveras plus. C'est très rare que des mécaniciens soient retenus. Normalement, on ne prend que des élèves mécaniciens pour préparer l'avenir. Si tu refuses, ta lettre restera dans le dossier. Allez, tu ne peux pas laisser passer une occasion pareille.

J'acceptai à la dernière minute, en me disant qu'au pire j'allais me perfectionner. L'amour du métier l'emportait sur une blessure d'amour-propre.

Le 1er mars, je me présentai avec un camarade de Saint-Mariens à cette école du Mans dont nous avions tant entendu parler. Les cours étaient donnés par un inspecteur divisionnaire d'une grande valeur et d'une distinction parfaite. Cependant il me semble qu'il n'était pas à l'abri des reproches : d'une part il employait souvent des termes techniques hors de portée de son auditoire, qui n'était pas composé de polytechniciens; d'autre part il était extrêmement narquois. Quand un agent s'égarait parce qu'il n'avait pas compris, il s'amusait à le ridiculiser et à l'enterrer complètement. Cet homme doué d'une intelligence supérieure paraissait heureux des erreurs des autres, et jamais il n'aurait songé à les aider. Il était en outre passionné de football : nous devions jouer avec lui durant toutes les récréations. J'étais bien ennuyé car ce sport n'était pas mon fort, mais il m'imposa la place de goal, dont je me débrouillais tant bien que mal.

La partie machine, frein et trains d'essai était l'apanage d'un inspecteur traction, d'un genre tout à fait différent. Sérieux, distant, moins intellectuel et plus à notre portée, il était très exigeant dans le travail et avare dans ses notations. Il ne voulait pas entendre parler de sport : pour lui, seul le chemin de fer comptait. Il nous faisait même venir le soir après la cantine pour repasser nos cours jusque vers onze heures ou minuit. Son slogan était :

— La SNCF fait de gros sacrifices pour vous. Profitez-en pour travailler le plus possible pendant que vous en avez l'occasion.

Après avoir entendu parler de règlements et de machines à longueur de journée pendant une semaine, je sentis que je devenais fou; une bonne détente s'imposait. Aussi décidai-je avec un copain d'aller au cinéma après dîner. En sortant de la séance, nous prîmes la navette en gare du Mans pour rentrer nous coucher au corps de garde du dépôt. Mais le sort était contre nous : la première tête que nous vîmes dans le wagon était celle de l'inspecteur fanatique de travail.

— Tiens, tiens, d'où venez-vous?

— Du cinéma, monsieur, répondis-je franchement.

— Et les cours? dit-il en fronçant les sourcils.

— Nous étions vraiment saturés, et nous avions besoin de nous changer les idées pour une soirée.

Il comprit très bien notre attitude et se détendit. Il nous raconta que la SNCF l'avait désigné comme conseiller pour le tournage de *la Bête humaine.*

— Vous savez, nous dit-il, Jean Gabin n'a fait que quelques séances sur des trains véritables. C'est un de vos collègues qui assurait la conduite dans la plupart des cas. Mon rôle consistait à le contrôler et à coordonner ses actions avec celles de Gabin, pour donner une impression de vérité.

Notre escapade s'achevait donc en discussion passionnante, et l'inspecteur se révélait brillant causeur.

Mais nous n'étions pas à l'école du Mans pour parler cinéma. Les quatre semaines étaient consacrées aux règlements et à la signalisation, à la machine, au frein et aux différents examens qui permettaient la notation des élèves. Les connaissances que nous avions déjà étaient approfondies, et des notions nouvelles nous étaient inculquées à l'aide de schémas représentant tous les appareils et de séances de cinéma très instructives.

Dès la première semaine, l'inspecteur traction nous fit conduire des trains d'essai pour jauger nos capacités de chauffeur et de mécanicien. La veille du départ, on nous indiqua le numéro de notre Pacific, et l'on nous demanda d'aller passer une visite d'inspection. La machine était sur fosse, et toute la difficulté de l'épreuve consistait à découvrir les anomalies préparées à dessein.

Le lendemain, l'inspecteur traction arriva, très grand seigneur avec ses gants de peau. Nous avions pris la précaution de nettoyer la cabine à fond et d'essuyer les hublots. Il nous serra la main et demanda :

— Tout va bien? Vous avez passé la visite de la machine?

— Oui, monsieur.

— Alors Péroche, qu'avez-vous trouvé?

— Beaucoup de choses : pièces manquantes, goupilles retirées, clavettes et coussinets de bielles desserrés, coins de boîtes de roues tombés sur les ressorts.

— Et qu'avez-vous fait?

— J'ai inscrit les réparations sur le livre, et elles ont été exécutées immédiatement.

— C'est très bien. À présent en route!

Le mécanicien titulaire demanda alors la sortie du dépôt par l'ouverture du signal carré violet, puis il alla se mettre en tête du train express Paris-Nantes-Quimper qui était composé de quatorze voitures, soit 812 tonnes à remorquer. Cette charge peut paraître énorme pour une Pacific, mais le parcours ne comportait aucune difficulté, et sous l'occupation les marches n'étaient pas très rapides. Juste avant l'heure du départ, le mécanicien et le chauffeur gagnèrent le fourgon. L'inspecteur appela les deux premiers élèves :

— Vous conduirez jusqu'à l'arrêt d'Angers. Je vais bien sûr vous conseiller, puisque vous ne connaissez pas la ligne.

Malgré le profil coulant, cela n'allait pas trop bien pour mes deux camarades; la machine gazait normalement, mais l'alimentation était mauvaise et le fonctionnement de la pompe déficient, de sorte qu'ils devaient avoir recours à l'injecteur. En arrivant en gare d'Angers, il ne restait plus que trois centimètres d'eau dans le tube. L'inspecteur grognait.

À la prise d'eau, je saisis une clef et descendis de la machine. Je démontai le bouchon de la crépine de la pompe à eau : elle était presque entièrement bouchée par la filasse des manches de prises d'eau et par de petits morceaux de charbon. Après un bon nettoyage, je remontai la crépine et remis le bouchon.

Lorsque le train redémarra, l'inspecteur put constater que la pompe fonctionnait mieux, et que l'alimentation était redevenue normale. Le sourire aux lèvres, il me tapa sur l'épaule.

— Je retiens votre intervention à Angers. Il était très judicieux de nettoyer la crépine.

Je marquais des points.

— À présent, ajouta-t-il, prenez le régulateur.

J'obéis et assurai la marche jusqu'à Nantes dans de bonnes conditions. L'équipe titulaire reprit possession de la machine pour entrer au dépôt, après quoi nous allâmes tous déjeuner à la cantine.

Au retour, l'inspecteur démarra le train, puis désigna deux nouveaux élèves pour tenir le régulateur et faire le feu. Malheureusement, le chauffeur appartenait à un petit dépôt et n'avait jamais eu l'occasion de travailler sur une Pacific, aussi les choses allèrent-elles de mal en pis. Nous avions déjà plusieurs minutes de retard avant d'arriver à Angers.

— Prenez la pelle, Péroche, m'ordonna l'inspecteur en se chargeant lui-même du régulateur. Tâchons de nous en sortir.

Pendant que le tender se remplissait à la prise d'eau d'Angers, nous descendîmes une trentaine de briquettes, et les cassâmes pour remonter le feu. Bien que le tube à niveau ne soit qu'à moitié plein, la fin du parcours se déroula parfaitement; nous rattrapâmes les minutes perdues et entrâmes à l'heure en gare du Mans. En me lavant au corps de garde, je songeais que cette journée d'essai n'avait pas été du temps perdu.

Pourtant, j'avais bien failli crier victoire un peu trop

tôt. Au cours de la troisième semaine, je me fis une entorse à la cheville en jouant au football. Elle enfla énormément, mais je pus continuer à suivre les cours; durant les récréations, je troquais désormais le ballon rond contre des livres, et je repassais consciencieusement mes règlements.

Enfin arriva la quatrième semaine, celle de l'examen. Le lundi à neuf heures, l'inspecteur divisionnaire nous fit entrer dans la salle d'études et dit avec son ironie coutumière :

— Par qui va-t-on commencer? Tiens, pourquoi pas Péroche, qui n'a pas joué au football depuis quelques jours... Vous allez passer le premier.

Le moins qu'on puisse dire, c'est que je n'étais pas gâté : il était bien préférable de passer le vendredi, après s'être perfectionné en écoutant les camarades interrogés. Mais il fallait bien que quelqu'un se jette à l'eau le premier.

Je me levai et le rejoignis devant le grand tableau noir; des schémas, des dessins, des pièces de machine et de frein complétaient le décor. En dépit de toutes mes craintes, la chance était avec moi. J'étais probablement dans un jour faste, car je connaissais les réponses à toutes les questions qui me furent posées. Je dois ajouter que, pour une fois, l'inspecteur divisionnaire se comporta sérieusement : il ne me nargua pas, ne chercha pas non plus à m'induire en erreur. À dix heures trente, l'autre inspecteur m'emmena sur une Pacific qu'il me demanda de rendre roulante, un peu comme avant le train d'essai. Il me fit paralyser la distribution d'un côté, puis isoler la machine du tender. Il me jugea sur le fonctionnement des triples valves, des réservoirs auxiliaires, des cylindres à frein; en un mot il me retourna sous toutes les coutures.

À midi, c'était terminé : quelle délivrance! L'esprit enfin libéré, j'allais pouvoir assister aux examens de mes camarades durant une semaine. Il aurait d'ailleurs mieux valu qu'ils soient seuls avec l'inspecteur, car souvent ils perdaient leur assurance devant les autres. L'examinateur ne pouvait s'empêcher de faire des réflexions qui déchaînaient les éclats de rire. J'ai appris par la suite que ces moqueries n'étaient pas gratuites : nous étions aussi notés sur notre caractère, notre force de volonté et nos réactions aux situations les plus variées.

Les deux inspecteurs et l'ensemble des élèves achevèrent ce mois d'école par un repas en commun à la cantine SNCF, puis ce fut la séparation. Je pris le train avec mon camarade de Saint-Mariens, qui s'en était lui aussi bien tiré.

— J'ai le cœur à l'aise, me dit-il.

— Oui, on peut être satisfait du devoir accompli. Bien sûr je ne compte pas être classé dans les dix premiers, mais pas trop loin non plus.

— Le principal, c'est de ne pas avoir été ridicules.

Vers la mi-avril, en embauchant au dépôt pour aller à Blaye, mon chef m'appela dans son bureau.

— Péroche, permettez-moi de vous féliciter.

— De quoi, maintenant?

— Je viens de recevoir vos notes de l'école du Mans. Elles sont excellentes. Vous sortez sixième sur trente-quatre élèves.

Je le regardai sans rien dire, complètement médusé. Je ne pouvais y croire.

— Lisez, me dit-il.

C'était écrit noir sur blanc : j'étais sixième avec la note de 17 sur 20! La citation élogieuse s'achevait sur cette phrase : « Il est autorisé à conduire les trains rapides et express, après un stage de conduite au service Pacific. »

— Eh bien chef, si vous voulez me suivre, nous allons arroser ça!

On me convia quelques jours plus tard à effectuer un mois de stage au dépôt de La Rochelle. Dès mon arrivée, je fus incorporé au service régulier avec le mécanicien instructeur et sa machine titulaire, une Pacific en très bon état. Mon éducateur était un valeureux mécanicien, qui se doubla bientôt d'un excellent copain. Il me donna quantité de conseils précieux au cours de nos roulements sur Poitiers, Nantes et Bordeaux.

Le seul point noir de cette période fut alimentaire. Le dépôt de La Rochelle ne possédait pas encore de cantine, mon service était trop serré pour que je puisse faire mon marché, et pour arranger les choses, je ne rentrais à Saint-Mariens que le dimanche. De ma vie, je n'ai jamais autant mangé de sardines de baril! Heureusement, ma mère était en bons termes avec un épicier de la rue Saint-Eutrope, à Saintes, et elle pouvait de temps en temps me dépanner avec des boîtes de conserve. À La Rochelle, une cousine du côté de ma femme m'apporta aussi une aide précieuse, en faisant la queue pour me procurer un morceau de boudin ou de viande chez les bouchers qu'elle connaissait. Enfin, comme beaucoup de Rochelais, mes compagnons avaient du poisson à volonté, et ils comprenaient ma situation. J'étais un peu gêné d'être l'objet d'une telle gentillesse, mais en temps de guerre et de restrictions, les liens de la famille et de la profession se resserrent. Et puis, quand je montais sur ma Pacific pour prendre le régulateur, la faim et les petits tracas s'estompaient : noir comme un taupin, éreinté par les longues heures de conduite, mais toujours prêt à effectuer cent kilomètres de plus, je dressais la tête comme un lézard.

À la fin du stage, je devais encore faire deux trains d'essai avant d'être sacré mécanicien d'élite. Deux chefs étaient susceptibles de m'examiner : le premier était un chic type, un vrai copain en qui nous avions toute confiance; l'autre, plus dur, très distant, sans amis, n'aurait pas fait de tort à un compagnon, mais il ne l'aurait pas aidé non plus. Je tombai évidemment sur le second...

Mais s'il se montra très froid et peu loquace, je n'eus pas à me plaindre de lui. Après un La Rochelle-Poitiers de jour et un retour de nuit dans d'excellentes conditions, il me fit passer une visite minutieuse de la machine. Sans dire un mot, nous dressâmes tous les deux un inventaire des réparations, pour confronter ensuite nos résultats.

— C'est très bien, me dit-il, vous êtes bon à vos trains d'essai. Je ferai un rapport très positif à l'arrondissement.

Il tint parole, car dix jours plus tard je reçus mon autorisation officielle de Paris. Quel paradoxe extraordinaire! Six mois auparavant j'étais classé au bas de l'échelle, parmi ceux que l'on montre du doigt; j'avais sur la conscience la faute la plus grave que puisse commettre un agent de conduite. En ce mois de mai 1941, j'étais sorti du gouffre pour gravir les cimes de la profession. Désormais, j'étais considéré comme un super mécanicien, blanc comme neige. J'étais devenu un sénateur à part entière.

Aujourd'hui, la guerre est bien loin, et la traction vapeur n'existe plus dans les chemins de fer français. Je me permets donc de dévoiler la vérité sur cette prétendue fonte de plombs, telle qu'elle m'a été révélée quelques années après par un agent on ne peut mieux placé, puisqu'il participait à l'enquête.

Il est nécessaire de répéter que le plus gros inconvénient des machines à vapeur, qu'il s'agisse des locomotives ou des machines de marine, c'est incontestablement l'entartrement des chaudières. Celui-ci est d'ailleurs variable car l'eau est plus ou moins calcaire selon les régions. Avant l'invention du procédé TIA [3], on lavait les chaudières tous les huit jours au moyen d'un jet d'eau bouillante à très forte pression. Les plombs étaient visités soigneusement, démontés puis remontés, et refondus à la moindre anomalie. Il était en outre impératif de mettre un désincrustant dans l'eau du tender lors de chaque voyage. En désintégrant le calcaire, cet acide très puissant évitait qu'il se colle sur les parois de la chaudière et sur le ciel du foyer. Suivant les régions, et même suivant les arrondissements, ce produit se présentait en pains de 15 centimètres de long ou sous une forme liquide. C'était en principe le chauffeur qui exécutait ce travail, mais sous la responsabilité du mécanicien.

Or il ne faut pas oublier que nous étions en guerre. Avant d'arriver au dépôt de Saint-Mariens, cette machine 2-3-0-040 originaire de La Roche-sur-Yon, et donc de l'arrondissement de Nantes, avait connu l'exode. Pendant cette période douloureuse de notre histoire, beaucoup d'agents étaient mobilisés, beaucoup d'autres fuyaient les responsabilités; en somme c'était l'anarchie. Les machines étaient mal entretenues, lavées à coup de triques, et l'on n'avait guère le temps de visiter les plombs. Lorsque Saint-Mariens avait reçu la machine, les Allemands exigeaient sans cesse des trains pour transporter leurs carburants et leurs munitions; sans prendre le temps de la visiter à fond, on avait dû la mettre en service.

---

3. Traitement Intégral Armand, du nom de l'ingénieur qui résolut le problème de l'entartrement.

Au cours de l'enquête, un ouvrier du dépôt qui s'était approché de la machine avait entendu l'inspecteur proférer :

— Les salauds! Les salauds!

À qui s'adressaient ces injures? Au mécanicien et au chauffeur? Non. Il visait ceux qui avaient négligé l'entretien du fait de la guerre et de l'occupation. Il avait trouvé une chaudière complètement entartrée et une pellicule importante sur le ciel du foyer. Les plombs qui y étaient vissés étaient quasiment noyés dans le tartre.

Le fameux jour d'octobre 1940, avant d'assurer ce train ouvrier de malheur, j'avais mis deux pains de désincrustant dans l'eau du tender, et j'avais répété l'opération le soir même avant de quitter Bordeaux. Ces doubles doses avaient dilué le calcaire et décollé une partie du tartre du ciel du foyer. Mais c'était un train de banlieue qu'on devait soumettre à des entrées rapides dans les gares, puis à de brusques redémarrages. Le plomb avant, déjà grignoté aux trois quarts, avait fini par laisser passer l'eau en ébullition et sous pression. Voilà pourquoi la fuite s'était produite en pleine rampe. Le fusible arrière, qui était resté intact, avait fondu à son tour au moment où nous avions jeté le feu, car la chaudière s'était vidée par le premier plomb avarié.

Nous avions donc été les victimes d'un incroyable concours de circonstances, mais nous avions évité le pire : sans le savoir, nous avions risqué beaucoup plus qu'une descente de trois mois. Pendant la guerre de 14-18, un accident analogue avait eu lieu à La Rochelle, sur une TP américaine qui assurait les manœuvres portuaires. L'eau douce étant rare à cette époque, la TP était alimentée par de l'eau saumâtre : la chaudière n'avait pas été entartrée par le calcaire, mais par le sel, matière beaucoup plus dangereuse. Un jour, la plaque de sel qui recouvrait les plombs du ciel du foyer craqua. L'eau s'infiltra par les fissures et arriva sur le ciel rougi par la chaleur. La surproduction de vapeur fut alors d'une telle intensité que les soupapes de sûreté devinrent insuffisantes; il se produisit une effroyable explosion, dans laquelle le mécanicien et le chauffeur furent pulvérisés. Pour donner une idée de la violence de la déflagration, je dirai simplement qu'on retrouva des pièces de la locomotive à plus d'un kilomètre à la ronde. Un sort identique avait guetté notre 2-3-0-040...

Quand l'inspecteur avait compris la situation, il avait évité de me convier à l'enquête car, bien sûr, les choses se seraient alors passées différemment. J'aurais pu m'imposer devant une telle entorse au règlement, mais une force intérieure me commandait de ne pas bouger. N'ayant commis aucune faute, j'avais la conscience tranquille. Avec le recul du temps, je remercie la Providence de m'avoir inspiré ainsi. Si j'étais intervenu, les dépôts de La Roche-sur-Yon et de Saint-Mariens, les arrondissements de Nantes et de Saintes auraient été mêlés à cette sale affaire, alors qu'il était si simple d'en faire porter toute la responsabilité à deux boucs émissaires. En fin de compte cette injustice flagrante me fut bénéfique : mes chefs n'étaient pas des ingrats, ils n'oublièrent jamais que mon silence les avait bien arrangés. Aussitôt après la guerre, ils me firent restituer le douzième de retenue sur les primes de fin d'année et effacèrent le blâme de mon dossier. Dans cette terrible histoire, j'avais définitivement gagné leur estime.

Sous le joug allemand

La guerre s'intensifiait. L'année 1941 vit l'invasion de la Russie par les troupes hitlériennes et l'entrée en guerre des États-Unis contre le Japon et l'Allemagne. Le conflit allait être long, et nous n'étions pas près de soulever le joug de l'occupant. Celui-ci envisagea alors de fortifier les côtes de l'ouest de la France, en construisant le célèbre Mur de l'Atlantique. Pour accomplir ce travail de géants, les Allemands savaient que les transports seraient déterminants. Le personnel des dépôts de l'ouest étant évidemment insuffisant, on fit appel aux mécaniciens et aux chauffeurs du sud-ouest : Thouars, Bressuire, Niort, La Rochelle, Saintes et Saint-Mariens.

Il pouvait sembler bizarre de dégarnir le dépôt de Saint-Mariens, déjà très juste en personnel, mais en temps de guerre les considérations économiques ne comptent pas. Et puis l'arrondissement tenait à ce que tous les dépôts envoient des agents pour une raison d'équité. Dans ces régions appelées « zones dangereuses » ou « zones rouges », les bombardements et les mitraillages de locomotives étaient fréquents, il arrivait même que les sabotages entraînent des déraillements. Il était donc normal que les risques soient partagés. D'ailleurs, personne ne trouva à redire à cette décision.

Fin 1941, ce fut mon tour de partir en déplacement, en compagnie d'un excellent camarade, un chauffeur que j'avais moi-même formé au cours des années précédentes. Nous gagnâmes le dépôt d'Auray par le train Bordeaux-Quimper, et tout de suite on nous mit au travail. Nous devions conduire des trains de sable dans la presqu'île de Quiberon, où l'on édifiait le fameux mur.

Mon souvenir le plus marquant de ce premier séjour en Bretagne fut une nuit d'une violence effarante, durant laquelle les désastres de la guerre succédèrent sans répit à une catastrophe ferroviaire. Mon compagnon et moi avions fini notre journée. Nous étions garés sur un embranchement particulier situé après la gare de Carnac et nous attendions l'équipe de relève qui venait d'Auray en voyageurs. Soudain, vers vingt heures, un bruit assourdissant nous parvint de la gare : par la faute d'un agent d'exploitation, une machine haut-le-pied qui attendait le départ sur Auray avait été tamponnée par le train ouvrier. Dans les wagons fracassés par le choc, on ramassa des morts et des blessés. Les deux agents de traction qui devaient nous remplacer avaient par bonheur échappé au drame, car ils se trouvaient en queue du train; ils s'en sortirent légèrement commotionnés.

Avant de songer à repartir sur Auray, il fallait d'abord faire venir de Nantes la grue de 50 tonnes pour relever les machines et les wagons disloqués sur la voie. Tous les quatre, nous nous installâmes sur notre locomotive, blottis devant la porte du foyer ouverte pour nous réchauffer. Nous commençions à nous assoupir lorsque le bourdonnement des avions anglais nous réveilla brutalement. Pour la première fois, j'assistai à un bombardement de grande ampleur sur Lorient. Les avions déversaient leurs bombes par vagues successives, les balles traçantes perçaient la nuit, la DCA allemande pilonnait sans arrêt. Après ce déchaînement de lumière et de vacarme, les avions repartirent et le silence se fit. Mais jusqu'à l'aube le ciel fut illuminé par les gigantesques incendies qui ravageaient la ville martyre.

Lorsque la période de déplacement fut écoulée, je rentrai à Saint-Mariens, mais il ne s'agissait que d'un répit : je devais repartir dès le mois de mai 1942. Ce deuxième séjour en zone rouge commença sous les auspices les plus funestes. L'équipe que nous devions relever et dont nous attendions l'arrivée pour nous mettre en route ne se présenta pas à Saint-Mariens le jour prévu. Nous étions sans nouvelle de ces deux camarades, et les familles commençaient à se faire du mauvais sang. Nous eûmes bientôt l'explication de leur retard : ils étaient entre les mains de la Gestapo!

Dans la baie d'Audierne, où se trouve le célèbre phare d'Eckmühl, les Allemands avaient entrepris des travaux titanesques : ils voulaient extraire le sable de cette plage immense, le stocker, puis le transporter par trains de 800 tonnes remorqués par deux locomotives. Pour ce faire ils construisaient une ligne de chemin de fer de vingt-cinq kilomètres entre Tréguennec et Pont-l'Abbé. Le jour de leur départ, nos camarades étaient montés sur une machine haut-le-pied pour regagner Pont-l'Abbé, et de là rentrer à Saint-Mariens. Quelques instants après leur passage, les résistants bretons avaient fait sauter un pont. Rendus fous furieux par l'attentat, les agents de la Gestapo avaient immédiatement arrêté tous les cheminots qui travaillaient à proximité du pont, dont nos deux collègues.

Les dirigeants de la SNCF firent tout leur possible

pour les sortir de prison, mais ils se heurtèrent à un mur.

— Ils seront jugés comme les autres, leur fut-il répondu.

Heureusement, les cheminots allemands prirent l'affaire en main. Ils avaient une grande autorité, même sur l'armée qui savait que le transport était l'un des nerfs de la guerre.

— Mettez tous les cheminots français en prison, dirent-ils à la Gestapo, les roulants en particulier, et vous irez faire les trains à leur place!

Les policiers nazis se rendirent à leurs raisons, mais avant de relâcher les prisonniers, ils leur firent signer un papier stipulant qu'ils seraient arrêtés s'ils se trouvaient une nouvelle fois mêlés à des actes de sabotage. C'était une épée de Damoclès suspendue au-dessus de leur tête pour toute la durée de la guerre; de ce fait celle-ci leur parut beaucoup plus longue qu'aux autres Français...

Nos deux camarades arrivèrent avec trois jours de retard. Je dois avouer que mon compagnon et moi n'étions pas fiers d'aller les remplacer. Nous nous voyions déjà en prison, car les Bretons opposaient une résistance acharnée à l'occupant. Notre seul espoir d'échapper au roulement de Pont-l'Abbé était le chef de feuille de Quimper, un ami de longue date. Lors de son stage de chauffeur à Thouars, ce jeune ingénieur des Arts et Métiers était monté pour la première fois sur une machine en ma compagnie et n'avait jamais oublié cette journée.

— Ne t'inquiète pas, dis-je à mon compagnon, je vais lui demander de nous conserver au dépôt de Quimper. Nous ferons des trains sur Quimperlé ou Châteaulin, au lieu d'aller avec les Allemands dans cette maudite baie d'Audierne.

Le soir, en arrivant à Quimper, nous nous rendîmes

aussitôt au dépôt; hélas, mon ami était de repos et son remplaçant n'hésita pas une seconde : il nous désigna pour aller conduire les trains de travaux sur la ligne en construction, à la place de nos deux infortunés camarades. Notre moral s'effondra.

Le lendemain, juste avant le départ, je rencontrai enfin mon ami le chef de feuille et l'invitai à boire un café au buffet pour fêter ces retrouvailles. Je lui rappelai les déboires de nos prédécesseurs et lui fis part de nos appréhensions.

— Ne t'en fais pas, me répondit-il, cela n'arrivera pas tous les jours. D'ailleurs, les cheminots allemands vous suivront. Ils ont donné des ordres pour que vous ayez la paix. Si quelque chose ne tourne pas rond, passe-moi un coup de fil.

Nous partîmes pour Pont-l'Abbé plutôt rassurés par ces bonnes paroles. Dès notre arrivée, le chef de gare nous donna ses directives :

— Prenez le car jusqu'à la station d'après Plonéour. De toute façon, la conductrice vous dira quand il faudra descendre. Là, vous verrez la machine de travaux, et vous vous arrangerez avec l'équipe que vous remplacez. Mais avant tout prenez ces boîtes de sardines et de singe. Vous trouverez du cidre sur place. Je ne peux malheureusement pas vous donner de pain, car aucune boulangerie n'est ouverte. Ordre de l'occupant pour punir la population des actes de sabotage.

Comme prévu, la conductrice s'arrêta à la sortie de Plonéour et nous dit :

— C'est ici.

En scrutant l'horizon, nous aperçûmes un panache de fumée; une machine tirant un train de ballast avançait dans notre direction. Quand elle arriva à notre hauteur, je reconnus deux hommes : c'était une équipe de Bressuire.

— Voilà la relève! s'écria le mécanicien. Montez. Vous nous remplacerez à midi.

Nous arrivâmes à Tréguennec. L'océan s'étendait à perte de vue devant nous. La pointe du Raz était à droite, le phare d'Eckmühl à gauche, et l'Amérique en face. Sur cette plage immense, les Allemands extrayaient des milliers de tonnes de sable, qu'ils répartissaient ensuite dans toute la Bretagne pour ériger leur Mur de l'Atlantique. Les agents de Bressuire nous conduisirent à notre nouveau logement, un wagon de voyageurs dont les compartiments avaient été retirés. L'un des coins était meublé d'une cuisinière à charbon, d'une table, de chaises et d'un peu de vaisselle. Un peu plus loin, deux paillasses tenaient lieu de lits. Compte tenu des circonstances, nous ne devions pas faire les difficiles. En nous quittant, nos camarades nous donnèrent un morceau de pain et nous dirent :

— Pour le reste, débrouillez-vous. Allez draguer dans la campagne. Les Bretons sont braves, mais un peu méfiants.

Après huit heures de service et un léger dîner, nous partîmes en quête de ravitaillement. Un agent d'exploitation nous avait indiqué une ferme située à quelques centaines de mètres de notre wagon, et dont la façade très caractéristique était ornée d'une croix. Une vieille femme nous reçut; nous nous présentâmes et lui expliquâmes ce que nous voulions. Mais il s'avéra très vite que nous dépensions notre salive en pure perte : elle ne comprenait pas un mot de français et s'exprimait dans une langue que nous ne connaissions pas. Heureusement, une assez belle femme d'une quarantaine d'années vint à son secours. Elle nous demanda dans un français excellent les raisons de notre visite.

— Eh bien, pourriez-vous nous céder quelques vivres?

— Je vois que vous êtes des Français, et non des Allemands. Dans ces conditions, c'est possible.

Sur ces entrefaites arriva son mari, un fort bel homme vêtu d'un costume élégant et d'une blouse verdâtre, avec un chapeau breton muni des traditionnels rubans. Son visage sympathique respirait la bonté. Il enleva son chapeau et sa blouse, puis se tourna vers nous :

— Asseyez-vous. Que faites-vous dans cette région?

— Nous sommes cheminots, répondis-je. Malheureusement, nous ne sommes pas ici pour notre plaisir, mais par ordre de l'occupant.

— Ah oui, bien sûr... De quelle région êtes-vous?

— Des environs de Bordeaux.

— Ah, Bordeaux, c'est une grande ville.

Il parut surpris que nous venions d'aussi loin.

— Je vois que vous voyagez beaucoup. Moi aussi, j'ai beaucoup voyagé.

Je m'attendais à ce qu'il nous annonce qu'il avait fait le tour du monde, mais il précisa :

— J'ai fait mon service militaire à Dreux. Je suis allé plusieurs fois à Quimper, à Châteaulin, et même à Quimperlé.

Il avait effectivement vu du pays...

— Eh bien, reprit-il, puisque vous êtes de Bordeaux, nous allons boire une bonne bouteille de votre région. Femme, va à la cave chercher une bouteille. Tu la prendras dans le fond, à droite. C'est le meilleur.

Pendant que nous dégustions, il nous demanda ce que nous voulions exactement comme ravitaillement.

— À vrai dire, nous n'avons rien.

— Eh bien, faisons une liste : du beurre, des œufs, du rôti de cochon... Vous aurez ce qu'il faut pour le faire cuire?

— Oui, oui, répondis-je.

Ces mots magiques chantaient à nos oreilles. Il continua son énumération enchanteresse :

— Des volailles, du cidre, et surtout du pain. Ne vous inquiétez pas, nous avons de tout cela. Nous ne sommes pas malheureux dans ce pays breton. Les Allemands n'emportent pas tout. Les seules choses qui nous manquent, ce sont le chauffage et la lumière.

L'électricité n'était pas encore installée à cette époque, et comme tout le monde ils n'avaient droit qu'à quelques sacs de charbon pour l'année, auxquels s'ajoutaient mensuellement un litre de pétrole et une poignée de carbure. Je fis un clin d'œil à mon compagnon, qui comprit aussitôt.

— Excusez-nous, dis-je à ces braves gens, nous sommes de retour dans une demi-heure. Vous ne serez pas couchés?

— Non, jamais avant minuit.

Nous revînmes avec un sac contenant quatre briquettes de douze kilos chacune et une demi-livre de carbure. Ils eurent l'air stupéfait en voyant notre chargement.

— Vous n'aurez pas d'ennuis, j'espère?

— Oh, vous savez, les Allemands font comme nous. Pourvu que leurs trains se fassent, le reste ils s'en fichent.

Il n'y eut rien à faire pour qu'ils acceptent un peu d'argent.

— Venez quand vous voudrez, nous dirent-ils.

En fait, j'avais été un peu trop généreux avec le carbure, car nous n'en touchions qu'une faible quantité tous les mois. Comme nous avions absolument besoin de lumière le matin et le soir, je téléphonai au dépôt de Quimper pour demander un supplément qui me fut refusé parce qu'ils étaient à cours. Il ne me restait plus qu'à m'armer de courage pour aller voir le chef des

Prussiens de l'entreprise, un jeune capitaine d'une trentaine d'années qui aurait dû être sur le front russe. Il me fit entrer dans son bureau et appela un interprète. J'exposai alors ma demande en m'efforçant d'être le plus convaincant possible, mais j'étais impressionné par l'officier qui me regardait droit dans les yeux avec un visage impassible. Je commençais à regretter sérieusement ma démarche lorsqu'il se mit à parler d'une voix forte à l'interprète. Je m'attendais au pire, mais ce dernier se tourna vers moi pour m'annoncer :

— Le capitaine vous fait dire de prendre un bidon de carbure de cinquante kilos au magasin. Il va vous faire signer un bon.

Je me demandai si j'avais bien compris, mais on me remit bien un bidon de cinquante kilos : mes amis de la ferme à la croix allaient pouvoir s'éclairer un bon moment!

Notre deuxième séjour en zone rouge se prolongea jusqu'à l'inauguration de la ligne Pont-l'Abbé-Tréguennec, au cours de laquelle deux locomotives 2-3-0-800 tractèrent un train de sable de 800 tonnes dans une rampe de 25 ‰. J'eus la surprise de retrouver ma vieille 2-3-0-803, dont j'avais été le chauffeur titulaire dix ans plus tôt au dépôt de Saintes! Le soir même, nous allâmes faire nos adieux à ces braves Bretons qui nous avaient tant aidés, et nous leur offrîmes un sac de briquettes, ainsi qu'un récipient métallique rempli de carbure. Ils me donnèrent en échange un copieux ravitaillement, qui allait faire ouvrir des yeux ébahis à ma femme et à ma fille, car mis à part le vin et le bois de chauffage, nous avions de gros problèmes de pénurie dans le nord de la Gironde. Les communes de Saint-Mariens et Saint-Yzan-de-Soudiac, situées aux confins du Blayais, étaient peuplées d'agriculteurs et de cheminots, actifs ou retraités. Parmi ces derniers, beaucoup possédaient un peu de terre et se déclaraient exploitants pour avoir droit au sulfate nécessaire à leurs vignes. Les deux communes étant donc classées rurales, ceux qui ne possédaient rien étaient gravement lésés : nous perdions tout droit aux cartes de légumes secs et de pommes de terre. Si encore la région avait été aussi riche et fertile que les Charentes, nous aurions pu nous ravitailler, mais ce n'était pas le cas. Il faut tout de même reconnaître qu'en 1943-44, les forêts de pins abritèrent l'abattage clandestin. Les femmes allaient chercher la viande de nuit, car les Allemands pullulaient dans le secteur et s'opposaient farouchement à cet abattage effectué à leur détriment.

Toutefois, comme je l'ai dit, nous avions le vin à volonté. D'abord les roulants, considérés à juste titre comme travailleurs de force, avaient droit à un litre par jour de travail en plus de la ration mensuelle. Ensuite, la totalité des transports de vin se faisait par chemin de fer. Je dois raconter à ce sujet quelques anecdotes piquantes, qui illustrent l'aspect le plus souriant de la vie sous l'occupation.

Tout le monde connaît le fameux slogan : « Le pinard a été un facteur déterminant dans la victoire française de 1918. » Je ne sais ce qu'il faut en penser, mais il est certain que les Allemands s'en inspirèrent durant la dernière guerre, en réservant tout le bon vin de la Gironde à leurs combattants du front russe. Les wagons-citernes se remplissaient sans discontinuer dans les gares de Coutras, Jonzac, Libourne, Blaye, Saint-André-de-Cubzac. Aussi tous les cheminots, à la traction comme à l'exploitation, étaient-ils armés de bouteilles, de bidons de soldats, de peaux de bouc, voire de cantines, pour faire le plein quand l'occasion s'en présentait. Certains portaient même toujours sur eux des vrilles ou *percettes,* et des *pinoches* de bois pour reboucher les barriques après s'être servis!

Un chai très important était installé en gare de Jonzac, d'où étaient expédiés des milliers d'hectolitres de blanc et de rouge. La direction du chai autorisait tacitement les cheminots à se servir gratuitement. Comme les employés refusaient de recevoir de l'argent, nous les récompensions en leur distribuant du charbon, en général sous forme de briquettes. Celles-ci appartenaient aux Allemands, et le vin leur était également destiné : tout cela ne sortait donc pas de la famille. Par la suite, certains allèrent jusqu'à donner à cet échange de bons procédés le nom de « résistance ». Chaque fois que nous manœuvrions en gare de Jonzac sur la route de Saintes, nous remplissions les fûts; je divisais ensuite mon butin entre mes parents et ceux de ma femme. Je peux affirmer sans vantardise que j'ai toujours été bien reçu dans la famille!

Un jour, j'entrai en gare de Lapouyade sur ma machine de train de manœuvres, avec pour mission de remorquer des wagons-citernes en cours de remplissage à la cave coopérative. Le train devait ensuite prendre la direction de l'Allemagne avec son chargement. L'employé nous fit signe :

— Venez remplir vos récipients. C'est du vin supérieur de douze degrés, de quoi remonter le moral d'une garnison sur le front russe!

— Quel dommage! Nos bouteilles sont déjà pleines de la gare précédente.

Je ne me déclarai pas battu et allai trouver le chef de gare; c'était une femme qui exerçait alors cette fonction.

— Pourriez-vous nous prêter des cantines? la priai-je.

— Tout est plein, malheureusement. Il ne me reste que la lessiveuse, mais c'est la grande.

— Ça ne fait rien, au contraire. Donnez toujours.

En quelques secondes, l'énorme récipient fut rempli à ras bords. Mon compagnon saisit une poignée, je pris l'autre, et nous emportâmes le précieux liquide en évitant d'en faire tomber la moindre goutte. Nous le versâmes dans une demi-barrique qui servirait en cas de pénurie.

— Gouverner, c'est prévoir, dis-je à mon compagnon.

Mais chacun sait qu'une gourmandise excessive finit par se retourner contre les pécheurs. Piol, un excellent chauffeur qui faisait alors équipe avec moi, fut le héros d'une histoire invraisemblable en gare de La Grave-d'Ambarès, sur la ligne Bordeaux-Saintes. Certains prendront cette anecdote pour une galéjade, mais je peux donner ma parole qu'elle est absolument authentique.

Dans cette gare, située à une quinzaine de kilomètres de la capitale de la Gironde, se trouvaient deux grands entrepôts de vin, équipés d'immenses citernes pouvant recevoir des milliers d'hectolitres; les unes étaient souterraines, les autres simplement emmurées et munies de robinets pour le remplissage. Lorsque nous manœuvrions dans le secteur, nous ne manquions pas d'aller remplir un bidon de soldat au « mur qui pisse ». Le célèbre vin de Pomerol, rouge de qualité supérieure, était destiné à nos pauvres femmes, pour leur donner des couleurs et des globules rouges dans cette période de restrictions.

Un jour, nous avions pris un peu de retard dans nos manœuvres, mais nous décidâmes de rendre quand même une petite visite au chai.

— Dépêchez-vous! nous cria le chef de gare.

Piol, le chef de train, et moi, nous prîmes le pas de course et entrâmes précipitamment dans l'immense chai. Du grand soleil, nous passions à l'obscurité nécessaire à la conservation du vin. Or, un wagon venait d'être rempli, et les employés n'avaient pas encore eu le temps de remettre le couvercle de la citerne souterraine. Piol, qui était toujours en tête lorsqu'il s'agissait de boisson, décida de couper au travers au lieu de passer par la piste, pour aller plus vite. Ses yeux ne s'étant pas encore habitués au noir, il ne vit pas le trou, bascula dedans, et disparut dans le vin rouge! Il ne put reprendre pied car la citerne avait plus de deux mètres de profondeur : quand nous arrivâmes, il hurlait à la mort en nageant la brasse dans cette véritable piscine de pinard. Les employés du chai s'attroupèrent et nous aidèrent à le tirer de cette situation périlleuse. Il avait frôlé la plus belle mort qu'on puisse imaginer : une noyade dans les crus réputés du Bordelais!

Si la guerre fut parfois à l'origine de situations cocasses et de francs éclats de rire, les roulants des chemins de fer ne furent pas toujours à la noce. Plus que d'autres, nous étions à la merci des mitraillages de machines, des actes de sabotage et des bombardements. Jonzac et Bédenac étaient incontestablement les points les plus dangereux de la région, car des milliers de tonnes de munitions étaient entreposées à proximité de ces deux gares. À Jonzac, les Allemands avaient camouflé leurs réserves dans les fameuses carrières d'Heurtebise, que deux jeunes héros, Ruibet et Gatineau, firent sauter au mois de juillet 1944 en sacrifiant leur vie. Les munitions de Bédenac étaient beaucoup plus vulnérables aux bombardements aériens, puisque les Allemands les avaient stockées dans les forêts de pins. Cependant, malgré des tentatives répétées, les Alliés ne réussirent jamais à atteindre cet objectif.

Un jour, en entrant en gare de Bédenac vers dix-huit heures, nous apprîmes que les Anglais avaient lâché des bombes incendiaires, et que les bois brûlaient de part et d'autre de la voie. C'était l'été, les résineux s'embrasaient comme de véritables allumettes, donnant naissance à des flammes gigantesques. Si les vents avaient soufflé de l'ouest, l'incendie aurait sûrement gagné les dépôts de munitions, mais ce jour-là, dirigés dans le sens contraire, ils éloignaient le danger.

Malgré la décision de la gare de Saint-Mariens de maintenir notre train à Bédenac jusqu'à nouvel ordre, je n'étais pas très chaud pour attendre. J'avais alors un nouveau chauffeur, Rondillac, avec lequel je devais rouler pendant plusieurs années. Je lui demandai son avis, puis m'entretins avec le chef de train :

— Ça fait presque trente heures que nous sommes partis de la maison.

— À moi aussi il me tarde de rentrer.

— Les agents de la voie disent que l'incendie ne couvre la ligne que sur 150 ou 200 mètres.

Nous fîmes la visite du convoi pour nous assurer qu'il n'y avait aucun wagon d'essence, de paille, de foin ou de bestiaux, et d'un commun accord nous décidâmes de partir : nous allions traverser l'incendie sous notre propre responsabilité.

Je lançai ma machine à 40 kilomètres à l'heure pour franchir le passage dangereux, qui n'était situé qu'à deux ou trois kilomètres de la gare de Bédenac. Soudain se dressa devant nous un rideau de flammes d'au moins dix mètres de hauteur, doublé d'énormes volutes de fumée.

— Colle-toi dans le coin! hurlai-je à mon compagnon.

Il se plaqua à gauche de la cabine, derrière les purgeurs, tandis que je m'abritai entre le changement de marche et la cloison. Le train entra dans la fournaise. La chaleur était terrifiante et l'atmosphère si étouffante que nous pouvions à peine respirer. Les secondes passées dans ce tunnel infernal nous semblèrent des heures.

Enfin le train ressortit intact, et nous pûmes aspirer de l'air pur à pleins poumons.

À Saint-Mariens, l'inspecteur exploitation et le chef de gare nous attendaient sur le quai. Prévenus de notre départ par un coup de téléphone de la gare de Bédenac, ils n'étaient pas là pour nous féliciter.

— Vous devez être fous! Vous avez enfreint les ordres de vos supérieurs, c'est une faute très grave! Vous avez de la chance qu'il ne soit rien arrivé au train...

Évidemment, ils avaient raison : nous étions si pressés de rentrer que nous avions sans doute risqué notre vie. Si c'était à refaire aujourd'hui, je crois bien que je m'abstiendrais, mais un homme jeune ne voit pas le danger avec les mêmes yeux.

En 1943, je fis encore trois déplacements d'une vingtaine de jours chacun à Pont-l'Abbé. La ligne de Tréguennec, que nous avions inaugurée l'année précédente, était alors en pleine activité. De jour comme de nuit, les wagons se succédaient sous un toboggan qui les remplissait de sable. Il fallait à peu près une heure et demie pour charger un train de 800 tonnes, et une douzaine de convois par vingt-quatre heures étaient acheminés en double traction sur Pont-l'Abbé; de là, ils étaient répartis sur tout le front de l'Atlantique.

Notre quartier général n'était plus au bord de l'océan, mais à Pont-l'Abbé, où l'on nous avait affecté une grande maison vide. Nous disposions d'une cuisinière à charbon, du gaz de ville, de poêles, de casseroles et d'assiettes, mais nous n'avions malheureusement rien à mettre dedans. En l'absence de cantine et de ravitaillement, la seule solution était la drague au marché noir dans la campagne. Ne pouvant plus nous rendre le soir chez nos amis de la ferme à la croix, nous avions mis au point un nouveau système. Quand j'emmenais une rame vide au remplissage, je ralentissais devant une ferme de notre connaissance pour que le chauffeur descende en marche, et je continuais tout seul. Deux heures plus tard, en repartant avec mon train chargé, je prenais mon compagnon au passage. Nous basculions alors quelques briquettes dans le fossé, en échange des victuailles fournies par les Bretons.

Je peux affirmer que tous les roulants en déplacement, de quelque dépôt qu'ils soient, agissaient de même, car c'était le seul moyen d'avoir à manger. Les agents de la police des chemins de fer voyaient nos manœuvres d'un mauvais œil, mais ce qui aurait été répréhensible en temps de paix nous semblait tout à fait légitime sous le joug de l'occupant. Les Allemands étaient d'ailleurs parfaitement au courant, mais pour eux, seul comptait le rendement; pourvu que leurs trains de sable se fassent dans de bonnes conditions, ils étaient prêts à fermer les yeux.

Bien sûr, il ne fallait pas abuser. Un jour, une équipe venant d'un dépôt que je ne nommerai pas échangea la moitié d'un cochon contre un tender de charbon. Pour emporter leur bien, les paysans durent venir avec des tombereaux tirés par des bœufs! Si encore le train était parti à l'heure, l'histoire aurait pu être étouffée, mais il fallut recharger à la pelle un tender que tout le monde avait vu plein la veille. La police française fut alertée, et elle arrêta les deux agents. Ils ne furent relâchés que grâce à l'intervention des Allemands, qui leur trouvèrent des circonstances atténuantes :

— Ces agents n'ont pas de cantine, il faut bien qu'ils se débrouillent.

Le jour même, une note de service fut affichée sur la porte de notre logement par l'armée d'occupation :

« AVIS. Les agents de la SNCF qui seront à l'origine de retards pour les trains de sable seront déportés comme STO en Allemagne. » Cet avertissement nous incita à la prudence, mais le ravitaillement clandestin continua jusqu'à l'arrivée des Américains.

Je n'ai jamais compris pourquoi les Alliés ne bombardaient pas les installations de Tréguennec, les silos de sable et le matériel de chargement. Toutes les nuits, il y avait une alerte; les lumières s'éteignaient, et nous entendions le ronflement des avions qui passaient au-dessus de nous. Pourtant, jamais une bombe ne fut lâchée, ni le travail interrompu.

C'était tout différent à Cherbourg. En décembre 1943, je fus désigné pour partir trois semaines en déplacement dans ce secteur extrêmement dangereux. J'aurais préféré retourner à Pont-l'Abbé, mais nous devions nous plier aux ordres. Après être passés par Paris, nous arrivâmes à Valognes, où les Allemands visitèrent le train de fond en comble : il fallait montrer patte blanche pour entrer en zone rouge. Tout se passa bien puisque nous allions travailler pour eux.

Cherbourg, que je visitais pour la première fois, me sembla bien triste. Il est vrai que durant nos trois semaines de séjour, le fameux crachin ne s'arrêta pas une minute; quand par hasard il pleuvait moins, les bombes se mettaient à tomber.

Notre train était à peine arrivé que les sirènes annonçaient déjà l'alerte. Je gagnai les abris avec mon camarade, et pendant une demi-heure le pilonnage fut incessant. La cible des Anglais était la montagne du Roule, juste au-dessus du dépôt des machines SNCF, où des centaines d'ouvriers venus des pays occupés travaillaient sous la contrainte des Germains. Les explosions faisaient de nombreuses victimes parmi ces malheureux, qui étaient sacrifiés sans remords. Quelques heures après le bombardement, nous vîmes des camions bourrés de cadavres arriver à Cherbourg; le sang ruisselait par les fentes des ridelles.

Le service était beaucoup plus varié à Cherbourg qu'à Pont-l'Abbé : nous manœuvrions à la gare maritime, parfois nous emmenions des locomotives en révision à Lison, ou bien encore nous assurions des préparations de machines et des remplacements d'équipes. Il nous arrivait aussi fréquemment de remorquer des wagons dans les gares de Sottevast et Martinvast, où des cheminots allemands nous relayaient pour pénétrer dans de mystérieux chantiers dont les étrangers étaient bannis. Je me décidai un jour à demander à l'un d'entre eux pourquoi nous n'avions pas le droit d'y entrer. Il prit un air pathétique et me répondit sans rire :

— C'est là que se trouvent les armes terribles qui vont détruire l'Angleterre.

Peut-être faisait-il allusion aux V1 et aux V2, ces armes terribles qui devaient ravager la population civile l'année suivante?

Après ces trois semaines d'alertes et d'attaques aériennes incessantes, nous rentrâmes à Saint-Mariens pour le 1er de l'An 1944, en espérant y trouver quelque répit. Hélas, je me faisais des illusions. Le surlendemain de mon retour, vers une heure du matin, ma femme et moi fûmes réveillés en sursaut par de violentes déflagrations, qui de toute évidence provenaient du dépôt. Les résistants venaient de faire sauter huit tiroirs et huit cylindres haute pression sur les locomotives 2-3-0-000, qui étaient placées sur la voie de sortie, à 300 mètres environ de l'endroit où nous habitions. Ma 2-3-0-045 faisait partie du lot.

Les explosions provoquèrent un formidable remue-ménage. Les soldats envahirent le dépôt, bientôt rejoints par la Gestapo de Bordeaux. Aussitôt le bruit courut qu'on allait prendre des otages; le maire se porta alors volontaire pour éviter que la population ne soit touchée. Les Allemands décidèrent aussitôt de supprimer tous les trains français, sauf le train ouvrier de Bordeaux qui leur amenait une main-d'œuvre indispensable, et de réquisitionner les quelques machines épargnées pour leurs propres convois. Les agents de la Gestapo interrogèrent le chef de réserve et tous ceux qui avaient eu accès au dépôt durant la nuit. Deux jours après, ils emprisonnèrent le surveillant de dépôt, non pas parce qu'il était responsable, mais parce qu'il refusait de dire ce qu'il avait vu. Nous apprîmes à la Libération que les sabotages avaient été l'œuvre de deux cheminots du service exploitation, parfaitement organisés et membres de la Résistance Fer.

En attendant, les machines avariées partirent aux ateliers de Saintes, qui procédèrent au remplacement des distributeurs et des cylindres; trois semaines plus tard, elles étaient de retour, entièrement remises à neuf. Enfin, après plusieurs mois de prison, le surveillant de dépôt fut libéré sous condition grâce à l'intervention des cheminots allemands. La principale conséquence de cet attentat fut une surveillance très renforcée et des tracasseries pour les roulants. La nuit, le dépôt était gardé militairement. Quand nous arrivions à une centaine de mètres de l'entrée, une sentinelle nous criait : « Halte! » Dans l'obscurité la plus complète, elle venait à nous pour contrôler nos papiers. Dès qu'elle comprenait que nous étions des *machinistes,* selon leur expression, nous pouvions passer. Mais un soldat armé d'une mitraillette nous suivait comme notre ombre lorsque nous nous rendions à notre placard pour nous habiller, que nous allions chercher de l'huile ou que nous graissions la machine. Au bout de quelques jours, sans sympathiser, nous finissions par nous connaître; l'atmosphère se détendait, et les vieux Germains relâchaient un peu leur surveillance. Quand la Gestapo s'aperçut de ce laisser-aller, elle exigea de l'armée leur remplacement tous les huit jours. Ces chiens de garde ne nous quittèrent qu'en juin 1944, lorsqu'on eut besoin d'eux pour combattre sur le front de Normandie.

Avant d'en venir au débarquement allié et à la grande époque de la Résistance dans les chemins de fer, je voudrais dire quelques mots sur l'un des cheminots allemands qui nous ont dirigés pendant toute l'occupation. J'ai déjà eu l'occasion de montrer qu'ils étaient beaucoup plus compréhensifs que les militaires, arrangeant dans certains cas des situations extrêmement critiques.

À Saint-Mariens, le responsable était un tractionnaire, chef de réserve dans la région de Francfort, pas très loin de la frontière française. Il parlait notre langue impeccablement et montrait une grande franchise dans ses propos avec quelques-uns d'entre nous, sauf en présence d'autres Allemands, même cheminots. Je me rappelle sa réaction à l'entrée en guerre des Américains :

— Tant mieux, dit-il devant moi, ça raccourcira peut-être la guerre. Car maintenant, jamais l'Allemagne ne gagnera.

Il avait compris depuis longtemps quelle serait l'issue du conflit :

— Je me fous pas mal du grand Reich allemand et de l'Ordre nouveau, nous confiait-il souvent. Je préfère un petit Reich et être auprès de ma femme et de mes enfants.

Une fois, je profitais d'une journée de repos pour travailler dans mon jardin sous un soleil magnifique, quand je le vis passer devant moi. Il allait au dépôt faire sa visite quotidienne au chef de réserve français. Il s'arrêta pour me regarder travailler, et nous commençâmes à parler de la pluie et du beau temps.

— Venez avec moi boire le vin blanc, me dit-il tout-à-coup en désignant un petit café tenu par une vieille femme.

— Non, répondis-je, je ne peux pas.

Il me regarda avec des yeux tristes et me dit :

— Je vous comprends. Vous ne voulez pas boire avec un Boche.

— Comprends-moi, lui dis-je en le tutoyant, c'est délicat de boire avec l'occupant. Toi, ce n'est pas pareil. Pour nous, tu es un cheminot. Tu n'es pas habillé en militaire, tu n'es pas là pour ton plaisir. Tu ne détestes pas les Français, au contraire. Mais reconnais que la conjoncture n'est pas bonne pour aller boire ensemble au bistrot. On pourrait me soupçonner de faire de la collaboration.

Il s'en alla en baissant la tête.

Mais une demi-heure plus tard, il revint avec sous le bras une bouteille enveloppée dans un journal.

— Je viens d'acheter une bonne bouteille. Nous allons nous cacher et la boire ensemble. Ça me ferait plaisir. Allons, personne ne nous verra.

Il me regardait avec un air suppliant. Comment résister à tant de bonté et d'humanité?

— Va dans les bois de pins en face du stade, lui dis-je, qu'on ne nous voit pas ensemble. Je t'y retrouve.

À l'abri derrière les arbres, nous bûmes la bouteille avec le verre que j'avais apporté. Il me parla de sa femme et de ses enfants. Je sentais qu'il était content d'être avec un ami. Je me disais : comme c'est bête et triste la guerre! Une phrase pleine de vérité me revenait à l'esprit : « La guerre est le massacre d'hommes qui ne se connaissent pas au profit d'hommes qui se connaissent et qui ne se massacrent pas. » Je n'avais pas l'impression de me compromettre; j'étais simplement heureux de boire un verre avec un brave homme.

La Libération

Le 6 juin 1944, en prenant mon service au dépôt de Saint-Mariens, j'appris par l'aiguilleur que les Américains avaient débarqué sur les côtes normandes. Il avait déjà couru tellement de fausses rumeurs à ce sujet que je restai sceptique, mais j'eus confirmation en arrivant à Saintes en tête d'un train de manœuvres. C'était donc le commencement de la fin pour nos ennemis. Je couchai le soir même chez mes parents, à Saint-Eutrope; leur maison était très éloignée de la gare et du dépôt, donc beaucoup moins exposée aux bombardements. Je rentrai le lendemain à Saint-Mariens, et je pris une journée de repos, après un roulement d'une semaine.

Pour des centaines de milliers d'hommes, le 6 juin fut le jour le plus long; pour ma part c'est la nuit du 8 au 9 juin que je n'oublierai jamais. Le 8 vers dix-neuf heures, l'inspecteur exploitation arriva au dépôt accompagné de cheminots allemands et de militaires. Ces derniers exigeaient qu'on leur donne sur le champ deux machines et deux équipes traction pour aller chercher un train de Germains et de matériel à Saint-Médard-de-Guizières, gare située juste après Coutras. Il s'agissait de troupes retirées des maquis du Périgord pour renforcer le front de Normandie. Le chef de réserve leur dit qu'à cette heure-là il était très difficile de trouver deux équipes disponibles, mais après de longs conciliabules il dut céder. Comme j'habitais près du dépôt, il me désigna. En arrivant au bureau, je fis tout ce que je pus pour ne pas partir, avec le soutien de mes chefs.

— Ce n'est pas possible, disaient-ils, ces agents sont au repos.

C'est alors qu'un gradé allemand intervint d'un ton cassant :

— Je vous ordonne d'envoyer deux machines et deux équipes. Départ vingt et une heures. C'est un ordre!

Il n'y avait plus qu'à s'exécuter. Nous étions cinq à partir pour Coutras : Rondillac et moi, l'équipe de l'autre locomotive et un agent d'exploitation.

Il peut sembler étrange que ce convoi de soldats se soit arrêté à Saint-Médard-de-Guizières, mais cela correspondait à une directive générale de l'état-major allemand : les échanges de machines devaient s'effectuer dans de petites gares, parce que les grands triages étaient systématiquement mitraillés et bombardés par les Alliés.

L'obscurité était totale lorsque nous arrivâmes à Coutras.

— Les Alliés bombardent Poitiers en ce moment! nous cria le sous-chef de gare. La gare et le dépôt! Ne perdez pas de temps, ça peut venir par ici!

Bien que l'électricité soit coupée, il fallait à présent tourner les deux machines, car il n'était pas question de ramener le train à Saintes avec le tender en avant. Aussitôt les ordres furent donnés : une vingtaine de Germains arrivèrent et firent pivoter les machines à la force des bras. Nous profitâmes de cette pause pour aller dîner au corps de garde à la lueur des lampes à pétrole, parce que nous n'avions rien mangé depuis midi.

À Saint-Médard, nous nous accrochâmes au train de voyageurs plein de jeunes soldats qui semblaient heureux d'aller se battre en Normandie; ils s'ennuyaient dans le maquis, où les affrontements étaient sporadiques. Nous repartîmes vers onze heures trente dans la direction opposée, pour arriver quelques minutes plus tard à Coutras. Nous n'y fîmes pas long feu.

— Ils sont sur Angoulême! nous prévint le sous-chef. Ça se rapproche! Ils peuvent être là d'un instant à l'autre! Prenez de l'eau en vitesse et foutez le camp!

Nous ne nous fîmes pas prier!

Les deux machines s'arrêtèrent de nouveau à Saint-Mariens, sur les voies principales, mais protégées par un signal carré fermé. Pendant que mon tender se remplissait, un énergumène sortit de la voiture de tête, celle des officiers, et s'approcha de moi :

— Monsieur, me dit-il, vous partir tout de suite. Nous aller bataille.

Je lui montrai le signal fermé. Il se mit alors à hurler :

— Je vous dit partir tout de suite! C'est un ordre!

Le forcené monta sur la machine, saisit son pistolet et me l'enfonça dans les côtes.

— Tout de suite! Partir!

— Oui, oui, oui, du calme!

Heureusement, Rondillac aperçut à proximité du train le chef des cheminots allemands, l'amateur de vin blanc, et courut lui expliquer la situation. Notre collègue arriva, prit le pistolet des mains de l'officier belliqueux et l'incendia si vertement que celui-ci s'aplatit comme une limande, avant de regagner sa place. Le cheminot allemand se tourna alors vers nous :

— Ce pauvre fou n'a pas le temps d'aller se faire tuer!

Quelques minutes plus tard, nous roulions vers Saintes. La machine de tête faisait la marche, tandis qu'en deuxième position je venais simplement en renfort. Soudain, en descendant la rampe de 10 % située après Fontaines-Ozillac, le mécanicien de tête freina à mort. Je n'y voyais rien à cause de la nuit noire et de la première machine qui me masquait la voie, et je n'avais pas non plus entendu de pétards éclater. Mais il y avait à coup sûr quelque chose d'anormal. Ne pouvant rien faire pour accélérer le freinage, je dus me contenter d'ouvrir la commande des sablières pour renforcer son efficacité. Heureusement, les rames militaires allemandes, appelées rames TCO, étaient presque freinées à 100 %, et le convoi put s'immobiliser en quatre ou cinq cents mètres. Devant nous, un gros fanal au feu rouge commandait l'arrêt absolu. Nous étions en plein cœur de la nuit, pourtant la voie était le théâtre d'une grande animation : des militaires et des cheminots allemands, ainsi que des agents de la gare de Jonzac, s'affairaient dans tous les coins. Ils nous donnèrent bientôt la raison de leur présence : le pont de chemin de fer de la ligne Bordeaux-Saintes, qui enjambait une petite route départementale, venait de sauter.

Lorsque les résistants avaient appris que notre train emmenait des troupes sur le front de Normandie, ils avaient tout mis en œuvre pour qu'il fasse le saut sur ce pont. Ils avaient probablement menacé l'agent de sécurité pour qu'il ne mette pas de pétard sur la voie, et pour qu'il laisse ouvert le disque rouge de Montendre, quelques kilomètres avant le pont. Bien sûr, un grave cas de conscience avait dû se poser à eux : fallait-il sacrifier cinq cheminots français, à savoir quatre tractionnaires et un agent d'exploitation, pour accomplir un devoir de patriote? Cruel dilemme...

Heureusement, le mécanicien de la première machine avait aperçu quelque chose dans le lointain : le fanal au feu rouge disposé par les Allemands; il avait pu freiner à temps. Son réflexe avait été d'autant plus remarquable que rien ne laissait présager le péril qui nous attendait. S'il n'avait pas eu tous ses sens en éveil, nous aurions à coup sûr péri dans le déraillement. Nos femmes seraient devenues veuves, et nous des héros. On aurait gravé nos noms sur la plaque de marbre, dans la salle des pas perdus de la gare de Saint-Mariens, et tous les ans pour le 11 novembre, on aurait fleuri la plaque et prononcé un discours. Je ne donne pas tort aux résistants, mais ce jour-là la Providence était contre eux, et dans le fond ce n'était peut-être pas plus mal.

Déjà les agents de la voie s'étaient mis au travail. Il leur fallut une heure et demie pour poser deux longrines [1] étayées depuis la route, puis pour disposer deux rails. Le train put alors passer à six kilomètres à l'heure. Les officiers, furieux du retard, voyaient désormais des « terroristes » partout. Ils firent monter un soldat armé d'une mitraillette sur chacune des deux machines et leur ordonnèrent de tirer sur les « maquisards » qui pourraient se trouver sur la piste de la voie. Je peux dire que nous avons trouvé le temps long, avec le canon de la mitraillette qui nous caressait les fesses. Nous ne rencontrâmes personne; heureusement, car nos gardiens étaient dans un tel état d'excitation qu'ils auraient abattu les passants les plus inoffensifs. Enfin, à l'aube, le changement de machines s'effectua à Beillant, petite gare choisie par les Allemands parce qu'elle était moins visée que Saintes. Nous

1. Grosses pièces de charpente.

regardâmes le convoi partir vers le nord avec un sacré soulagement : pour eux, l'abattoir était au bout du voyage.

Le grand moment de la résistance des cheminots français fut incontestablement l'été 1944; c'est à partir du débarquement allié qu'elle prit une ampleur considérable. Il est bien difficile d'apporter des éléments nouveaux après tous les livres consacrés à ce sujet, et après un film aussi véridique que *la Bataille du rail* de René Clément. Je vais simplement tenter de montrer, en partant de ma modeste expérience, que les choses n'étaient ni toutes blanches ni toutes noires, et qu'il était extrêmement délicat d'agir contre l'occupant nazi sans risquer en même temps la vie de compatriotes.

Très nombreux furent les cheminots qui participèrent à la Résistance, à des degrés divers, naturellement. Les roulants étaient les mieux placés, mais aussi les plus exposés aux représailles des Allemands qui punissaient impitoyablement les actes de sabotage; au mieux c'était la déportation, au pire le peloton d'exécution. Quelques exemples antérieurs au débarquement illustreront la situation très difficile dans laquelle nous étions.

Un jour, je me trouvais en gare de Guîtres, près de Coutras, et je disposais de quelques minutes avant le départ de mon train de manœuvres. J'en profitai pour graisser les bielles de la machine et les roues du tender; c'était autant de gagné sur le travail que j'allais devoir faire le lendemain matin à Saint-Mariens. Le sous-chef de gare vint alors me dire :

— As-tu entendu la radio anglaise hier soir?

— Oui.

— Alors, pourquoi graisses-tu ta machine?

Effectivement, le commentateur avait dit : « Cheminots! Sabotez vos machines! Résistez à l'occupant! » C'était très facile à dire d'un bureau, mais les conseillers n'étaient pas toujours les payeurs. Il est certain que nous travaillions pour les Allemands, mais nous assurions en même temps le ravitaillement de la population française. Saboter nos machines signifiait aussi affamer nos familles. Je comprenais parfaitement le sous-chef, un bon camarade qui était sincère dans ses convictions et résistant de cœur, mais sa situation n'était pas comparable à la mienne.

Quelques jours après cette discussion, j'assurai le train de manœuvres du service régulier Saint-Mariens-Coutras, avec 600 tonnes en remorque, c'est-à-dire un tonnage complet. Lorsque nous arrivâmes à Guîtres, le sous-chef vint nous trouver :

— 50 tonnes à prendre, nous dit-il. Deux wagons-citernes de pinard.

— Je regrette, intervint le chef de train, mais nous sommes complet. Nous ne prenons rien.

— C'est un ordre du PC exploitation, dit le sous-chef. Ces wagons vont en Allemagne, et de là sans doute sur le front russe.

— Je refuse de les prendre, répondit le chef de train en se retranchant derrière le règlement. Maintenant, tu peux demander au mécanicien s'il accepte cette surcharge.

Je fis exactement la même réponse, mais il insista :

— Allons, tu pourrais très bien prendre ces 50 tonnes.

— Bien sûr que je pourrais les prendre, et je n'aurais pas de mal à monter la rampe, car ma machine est intelligente et pas fainéante. Mais cette surcharge est pour les Allemands. Dans ces conditions, pas question.

— Bon...

Il coupa alors deux wagons de ravitaillement français et incorpora les deux wagons-citernes de l'occupant, ce qui me donna l'occasion de lui faire une petite leçon de morale :

— Il y a quelques jours, tu m'as critiqué parce que je graissais ma machine, en disant que je ne suivais pas les ordres de Londres. Mais ce que tu viens de faire est beaucoup plus grave : tu as sacrifié le ravitaillement français pour celui des Allemands. Moi, j'appelle ça de la collaboration.

— Je n'y peux rien, c'est un ordre des Allemands. Je ne veux pas avoir d'histoires.

— Ah, tu vois! C'est facile de faire de la résistance quand on ne risque rien.

Il ne répondit pas : il avait compris. Jamais par la suite il ne me fit la moindre réflexion.

L'inspecteur du service central, un spécialiste du frein, très à cheval sur les principes, se situait dans une tout autre catégorie. Il nous accompagnait souvent pour veiller à ce que le règlement soit appliqué intégralement. Il se trouvait un jour sur ma machine en gare de Coutras, lorsqu'un problème se présenta : l'aiguille du manomètre ne montait pas, bien que la pompe soit en excellent état.

— Faisons la visite du train, me dit-il.

Nous ne fûmes pas longs à trouver le boyau crevé; il avait été ouvert d'un coup de couteau, à titre de résistance bien sûr.

— Voyez-vous, me dit l'inspecteur, ce sont des actes idiots. Ça ne ressemble à rien. Ce n'est pas ce genre d'actions qui va faire reculer les Allemands sur le front russe. Ça les agace, ça les rend méfiants, et c'est tout. Il arrivera un jour où vous serez mis à contribution pour exercer la résistance, quand le moment sera favorable. Mais je vous en supplie, pas d'actes individuels. Nous devons tous agir ensemble.

Nous apprîmes après la Libération que cet homme prudent était le grand patron de la Résistance Fer!

Peu après la longue nuit du 8 au 9 juin, je fus à nouveau commandé pour remorquer un convoi de troupes à destination de la Normandie. Avec deux machines de Saint-Mariens, nous devions remplacer celles de Bordeaux et conduire le train jusqu'à Marans, au nord de La Rochelle. Mais à cette époque les Anglais ne cessaient de mitrailler les locomotives, si bien que nous n'étions vraiment pas chauds pour partir.

Lorsque le train arriva de Bordeaux vers neuf heures du matin, nous certifiâmes que nos machines étaient avariées. Le chef des cheminots allemands ferma les yeux, mais les officiers qui encadraient le convoi comprirent ce qui se passait et téléphonèrent à Saintes pour demander que des mesures soient prises. Aussitôt notre collègue allemand vint nous trouver :

— Partez le plus vite possible, ils vont prendre des sanctions. Une voiture est partie de Saintes. En cours de route, vous ferez ce que vous voudrez, mais pour l'instant partez, je vous en conjure!

Il fallut bien obéir et prendre la direction de La Rochelle avec six heures de retard. Je me mis en deuxième position car ma machine était réellement avariée.

Les freins des locomotives et des wagons fonctionnaient à l'air comprimé. La pompe placée à l'avant de la machine aspirait et refoulait l'air dans la conduite générale, dans les réservoirs principaux et secondaires. Or je ne disposais que de deux kilos d'air, alors qu'il en fallait cinq pour alimenter le train. Je connaissais parfaitement la raison de cette avarie, qui provenait d'un type de sabotage très astucieux. Pour obtenir une étanchéité parfaite entre les deux cylindres composant la pompe et la tige commune qui les reliait, on fixait des garnitures en alliage anti-friction. Dans les ateliers, les ouvriers résistants avaient découvert qu'en modifiant la proportion de plomb et d'antimoine dans cet alliage, on obtenait un échauffement de la tige, une fusion partielle du plomb, et donc des fissures qui annulaient l'étanchéité. La pompe, qui paraissait alors fonctionner normalement, ne pouvait plus alimenter en air le système de freinage. Il va de soi que seul un spécialiste pouvait comprendre l'origine de la panne.

En arrivant à Saintes, nous demandâmes notre relève au PC traction, mais il n'y eut rien à faire. Les Allemands trouvaient que nous avions déjà perdu assez de temps, et ils nous ordonnèrent de repartir pour Marans lorsque le plein d'eau du tender fut terminé. Tout alla bien jusqu'à Rochefort, mais au moment où nous entrions dans cette gare, la grille du foyer de la première machine s'effondra; le cendrier n'avait pas été vidé depuis plusieurs jours, et l'air ne passait plus. Les barreaux rougirent et se mirent à fondre, obligeant mon camarade à gagner le dépôt d'urgence pour jeter son feu. La première machine était désormais inutilisable; c'était la grande débandade!

Je me retrouvai donc seul avec mon compagnon en tête du train, réduit à attendre une locomotive de réserve du dépôt de La Rochelle. Mais une fois de plus les gradés de l'armée allemande montrèrent leur impatience : avec leur manie de s'attaquer directement aux mécaniciens, plutôt que d'aller se renseigner auprès des agents d'exploitation, ils vinrent me demander sur un ton menaçant pourquoi je ne partais pas.

— Cette machine est avariée, leur répondis-je. Nous attendons une seconde machine, parce que celle-ci n'est pas assez puissante pour emmener le train.

Il était très difficile de s'expliquer avec des gens qui parlaient à peine français et qui ne connaissaient strictement rien au chemin de fer. Ils se mirent à hurler comme des sauvages; le mot « sabotage » revenait souvent dans leurs vociférations. Heureusement pour moi, leur vacarme attira les cheminots allemands, qui me demandèrent très poliment de leur expliquer la situation. Je leur montrai que le manomètre duplex n'accusait que deux kilos d'air.

Ils ramenèrent alors les militaires à la raison et leur ordonnèrent de remonter dans leur wagon. En effet, les gares, les dépôts, et de façon plus générale tout ce qui avait trait aux chemins de fer, étaient sous leur autorité. Considérant que ma machine n'était pas en état d'assurer un train, ils la firent couper et m'envoyèrent au dépôt de Rochefort, puis ils appelèrent La Rochelle pour demander une seconde locomotive de réserve. Une nouvelle fois, des cheminots français leur devaient une fière chandelle... La journée se termina pourtant de façon dramatique : nous apprîmes par téléphone que les deux machines de La Rochelle avaient été mitraillées en gare de Saint-Laurent-de-la-Prée. Le convoi n'était donc pas près de quitter Rochefort.

En regagnant Saintes dans la soirée, je ne pouvais m'empêcher de penser à l'ouvrier résistant qui avait saboté ma pompe. Je l'imaginais comme un véritable père tranquille, paraissant bien inoffensif devant son étau. Ses actions lui ont peut-être valu d'être décoré après la guerre. Il est indéniable qu'il œuvrait pour la résistance, mais en faisant courir les risques aux autres : il prenait les fleurs et laissait les épines aux roulants.

De juin à août 1944, le trafic SNCF fut complètement perturbé. Les trains n'étaient plus à l'heure, souvent même ils n'arrivaient jamais à destination. La Résistance faisait sauter les voies et sabotait les machines.

Les Allemands se rendaient bien compte que c'était la

fin. En Normandie, de nombreux cheminots germaniques furent fusillés par les Américains, qui ne firent pas le détail. Les règlements internationaux prévoyaient en effet que tout participant sans uniforme pouvait être considéré comme franc-tireur, et en conséquence exécuté sans jugement. L'état-major décida alors d'habiller les cheminots en militaires afin de leur épargner ce sort; ils avaient pris une telle confiance en eux après la guerre-éclair qu'ils avaient négligé cette utile précaution. Mais ce changement de tenue ne suffit pas à leur remonter le moral : j'ai entendu dire qu'à Bordeaux ils brisèrent leurs fusils sur les tampons des locomotives, en signe de découragement.

Les bombardements s'intensifiaient quotidiennement sur les dépôts et les gares, on ne comptait plus les machines mitraillées par les avions alliés. Au début du mois de juillet, il s'en fallut de peu que je ne sois leur victime : le tender et la chaudière de ma machine furent littéralement criblés de balles quelques instants après que nous ayons pu nous mettre à l'abri.

C'est dans ces conditions que je fus un jour commandé pour remorquer une rame vide de Saintes à Bordeaux avec une TP. Après avoir pris mon repos à Saintes, je trouvai la machine en question dans un état lamentable : il n'y avait plus une goutte d'huile dans le graisseur, et seul un injecteur sur deux fonctionnait. Mais je dus obéir aux ordres et prendre la direction du sud en me traînant. À Saint-Mariens, ma femme me vit passer devant la maison; je lui fis signe que je continuais sur Bordeaux. Lorsque j'arrivai à destination, la machine fut coupée et envoyée au dépôt.

J'étais sur la fosse d'entrée, et je me préparais à faire charger le combustible, quand un sous-chef s'approcha pour me demander :

— Dans quel état est la machine?

— Pas très bon.

— Eh bien arrange-toi comme tu voudras, mais cette machine ne doit pas partir. Les Allemands l'attendent. En ce moment, ils ont plusieurs trains pour le front de Normandie en rade par manque de machines. Quand ils vont venir te voir, tu leur diras que la machine est avariée. Tu entends bien? C'est un ordre de la Résistance.

Mon devoir était donc de la saboter, mais ce n'était pas si simple. J'eus alors l'idée de neutraliser le second injecteur pour empêcher l'alimentation de la chaudière. Les Allemands grouillant sous le dépôt, il fallait agir avec la plus grande prudence, d'autant plus que soldats et cheminots portaient désormais le même uniforme. Je montai sur la chaudière, comme si de rien n'était, et avec ma clef à molette serrai le pointeau de la boîte d'introduction qui refermait le clapet. Je venais à peine de redescendre quand deux Allemands m'appelèrent :

— Chargez vite, prenez de l'eau. Machine repart aussitôt.

— Machine kaput, répondis-je.

Ma réponse eut le don de les mettre dans une colère noire :

— Toujours machine kaput! C'est du sabotage!

Pour les calmer, j'essayai de leur montrer que les deux injecteurs étaient avariés.

— Impossible, impossible, leur dis-je.

— Tout de suite, un ouvrier! crièrent-ils.

Celui-ci arriva aussitôt et commença à mettre son nez dans les injecteurs. En cherchant un peu, il avait de fortes chances de détecter mon acte de sabotage délibéré. Les Allemands suivaient tous ses gestes avec attention.

— Ça sent mauvais pour nous, murmurai-je à mon compagnon. Arrachons-nous de là en vitesse!

Nous prîmes nos paniers et nos draps dans le coffre du tender, passâmes derrière la machine pour ne pas être vus, et partîmes à grandes enjambées vers la gare des voyageurs. Réglementairement, nous aurions dû nous présenter au bureau de la feuille pour nous faire porter rentrant, mais les Allemands auraient alors pu nous retrouver. Je décidai donc de traverser la gare et de passer sur le pont ferroviaire qui enjambe la Garonne, pour chercher une sécurité relative dans la gare de la Benauge.

— Est-ce qu'il y a de la circulation en direction de Saint-Mariens? demandai-je au sous-chef de service.

— Pour le moment je n'ai rien. Tous les trains de voyageurs sont supprimés, sauf le train ouvrier de dix-neuf heures trente. Mais tu sais, il se peut qu'il y ait une rame ou une machine haut-le-pied dans l'après-midi.

Nous n'avions rien à faire en attendant, et presque rien à manger.

— Allons à l'abreuvoir, dis-je à mon compagnon.

— C'est une excellente idée.

Nous fûmes accueillis par une assez jolie femme d'environ quarante ans, qui parut me reconnaître aussitôt.

— Tiens! Que faites-vous ici? Vous ne vous rappelez pas de moi?

— Si, maintenant. Vous teniez un café à Royan.

— Exactement. Vous voyez, depuis quelques années je suis ici à la Benauge. Ça marche bien, je ne me plains pas. Comme je suis heureuse de vous revoir! Ça me rappelle de bons souvenirs de Royan. Permettez que je vous embrasse?

— Mais avec plaisir!

Nous lui racontâmes notre aventure, puis la conversation s'orienta sur la grande époque de Royan, sur toutes les connaissances que nous avions en commun. Lorsqu'elle nous invita à déjeuner, nous acceptâmes de bon cœur, et je dois dire que nous ne l'avons pas regretté. En plein mois d'août 1944, après plusieurs années de restrictions, c'était un véritable festin qui nous attendait. Je retrouvai la saveur d'aliments que la guerre avait pratiquement fait disparaître : l'huile d'olives qui assaisonnait une salade de tomates, de concombres et de piments, la belle tranche de jambon accompagnée de frites, le fromage avec des matières grasses, sans rapport avec le plâtre dont nous avions l'habitude, le vrai café et le verre de cognac.

— J'ai pas mal d'Allemands comme clients, nous expliqua-t-elle. Ils me fournissent du ravitaillement pour eux, mais aujourd'hui c'est vous qui en profitez.

Nous eûmes beau insister, il fut impossible de la payer. Entre-temps le sous-chef avait arrangé notre départ.

— Il y a une rame vide qui passera aux environs de quinze heures. Le train n'a pas d'arrêt prévu, mais je fermerai le disque rouge et vous en profiterez pour monter.

À seize heures, nous étions de retour à Saint-Mariens.

Comme j'habitais entre la gare et le dépôt, la vie devenait très pénible. Nous étions continuellement en alerte, et toutes les nuits nous devions réveiller notre petite fille de six ans pour la mettre à l'abri dans les bois avoisinants. J'acceptai donc avec beaucoup de reconnaissance la proposition du chef de gare de Saint-Savin-de-Blaye, petite commune située au milieu des vignes, à cinq kilomètres de Saint-Mariens :

— Dites à Mme Péroche de venir avec votre fille. Elle habitera à la gare de Saint-Savin. Ici, c'est calme, il n'y a rien à bombarder.

Nous déménageâmes à la fin du mois de juillet, et nous y restâmes jusqu'en septembre.

Nous sentions bien que la Libération approchait, et nous procédions à des sabotages systématiques afin de disloquer totalement les chemins de fer. Pourtant, au cours des dernières semaines de combat dans l'ouest de la France, les cheminots payèrent encore un lourd tribut. Un matin, en arrivant au dépôt, j'appris avec une peine énorme la mort du chauffeur qui m'avait accompagné en Syrie. Cet excellent camarade avait coutume de dire :

— Si je vois un avion foncer sur nous, je plongerai dans le tender sur le charbon.

La veille au soir, alors qu'il assurait le train ouvrier au retour de Bordeaux, sa 1-2-0-000 avait été mitraillée par un chasseur anglais. C'était pourtant une vieille machine, et le train ne transportait que des Français, mais à cette époque les Alliés ne faisaient plus de distinctions. Mon camarade avait appliqué sa méthode de survie : il s'était jeté dans le tender et avait pris les balles en pleine tête. Par une terrible ironie du sort, l'enquête montra qu'il n'aurait pas été touché s'il était resté à sa place. Lors de ses grandioses funérailles, il fut pleuré par toute la population de Saint-Mariens. Le mécanicien avait été grièvement blessé, mais il se rétablit après plusieurs mois d'hôpital.

Jusqu'au dernier jour, les Allemands firent régner la terreur dans notre région. C'est ainsi qu'en passant devant la petite gare de Saint-Savin, ils déchargèrent leurs fusils et leurs mitraillettes sur les murs de notre logement. Nous n'en menions pas large à l'intérieur, mais personne ne fut blessé. Ils continuèrent leur chemin après cet acte de violence gratuite, avec des groupes de maquisards à leurs trousses. Dans sa retraite, l'occupant procéda également à des destructions systématiques, dans le but de paralyser les relations ferroviaires qui allaient maintenant profiter aux Alliés. Il fit sauter des ouvrages d'art d'une importance capitale, comme le pont de Beillant sur la Charente, ou celui de Saint-André-de-Cubzac sur la Dordogne, chef-d'œuvre construit par Eiffel.

Après avoir saboté notre outil de travail pour gêner l'ennemi, nous devions à présent nous remettre sérieusement à la tâche et rebâtir d'urgence ce que les combats avaient détruit. Le sol de notre patrie n'était pas encore entièrement libéré : de dures batailles continuaient dans l'est, et les côtes charentaises étaient toujours occupées. Nous devions aider les Alliés à reprendre Royan et La Rochelle, et ravitailler les populations civiles.

Pour assurer un service régulier, la plus grosse difficulté consistait à passer les cours d'eau après le dynamitage des ponts ferroviaires. Il fallut plusieurs mois pour que ceux-ci soient relevés par des entreprises spécialisées. En attendant, les trains venant de Saintes étaient refoulés sur Beillant, où les wagons franchissaient la Charente par le pont routier. Comme les 120 ou 130 tonnes de la locomotive et du tender auraient à coup sûr provoqué un affaissement, une autre machine venait du dépôt de Saint-Mariens afin de continuer vers le sud.

Cette déviation exigeant des travaux importants, la SNCF fit appel à tous ses services, à l'exception bien sûr des roulants, des agents de sécurité et des aiguilleurs, indispensables à leurs postes. Tous les cheminots, même les cols blancs, prirent la pelle et la pioche avec un cœur admirable, prouvant ainsi qu'après avoir participé à la libération de leur pays, ils étaient les premiers à le reconstruire. Au même moment, d'autres agents étaient occupés à dégager les décombres de la gare de Saintes et à entreprendre sa remise en état. Les ouvriers des dépôts ne chômaient pas non plus; avec le manque d'entretien, les sabotages, les accidents et les mitraillages, ils allaient devoir fournir des mois d'efforts acharnés pour réparer les locomotives.

Le second obstacle sur la ligne de Bordeaux était la Dordogne, puisque le pont de Saint-André avait lui aussi sauté. On commença par faire traverser les voyageurs en bac, pour les acheminer ensuite sur Bordeaux par un second train. Mais cette situation d'attente ne pouvant pas durer, on fit bifurquer l'ensemble du trafic sur la ligne de Libourne, et de là sur la ligne électrifiée Paris-Bordeaux. Il était indispensable d'accélérer les trains de marchandises, parce que les restrictions se faisaient cruellement sentir, beaucoup plus que sous l'occupation. Jusqu'alors les Allemands s'étaient réservé le gâteau, mais ils nous avaient laissé les miettes, tandis qu'à présent le ravitaillement ne se faisait plus. Ce n'étaient pas les quelques camions fonctionnant au gazogène qui pouvaient rétablir la situation : il était évident pour tout le monde que la priorité absolue devait être donnée aux chemins de fer.

Peu à peu, les trains reprirent sur Châteauneuf, Blaye, Coutras et Libourne. D'autre part, une locomotive et un wagon furent affectés au ravitaillement en farine des boulangeries de la région de Saint-Mariens; l'approvisionnement se faisait dans une minoterie de Barbezieux, en Charente. L'abattage réapparut aussi au grand jour, et la situation de nos familles s'améliora progressivement. Et puis la liberté toute nouvelle nous faisait oublier la faim.

À la fin de l'été 1944, comme si la guerre n'avait pas fait suffisamment de victimes, je risquai une mort atroce pour satisfaire mon orgueil professionnel. Il serait malhonnête de taire cette faute extrêmement grave et dont je suis entièrement responsable. Les Allemands venaient de quitter la région, quand le PC m'envoya à Bordeaux haut-le-pied pour conduire un omnibus jusqu'à Beillant.

Comme ils étaient encore rares, les trains de voyageurs étaient surchargés, il leur fallait donc une locomotive puissante. Le PC avait prévu une 2-3-0-800, mais comme j'avais confiance dans ma 2-3-0-045, dont j'étais titulaire depuis mon retour de l'école du Mans, je demandai à mon chef de la conserver. Après un premier refus et une communication téléphonique avec le PC, il me dit :

— Vous en prenez la responsabilité. Je vous donne l'autorisation, mais attention! Vous avez intérêt à ce que ça se passe bien, autrement ça vous coûtera cher!

Je me rendis à Bordeaux, où je trouvai du charbon de bonne qualité grâce à un litre de vin blanc donné aux grutiers, et repartis à l'heure lesté de 450 tonnes, donc en surcharge. Je passai à Saint-Mariens la queue en trompette, et fis bonjour à ma femme, qui comprit que tout allait bien. Par contre le chef de réserve, debout devant la porte de son bureau, n'avait pas le sourire.

Ses inquiétudes se justifièrent peu après Jonzac : la dépense d'eau était anormale. La machine gazait bien, on ne voyait aucune fuite, et pourtant nous avions le plus grand mal à nous entretenir. Nous arrivâmes à Pons avec l'eau à la bague du niveau; or nous avions encore une quinzaine de kilomètres à effectuer. Je profitai des deux minutes d'arrêt pour bondir à l'avant de la machine et ouvrir la boîte à fumée. L'autoclave fuyait énormément, ce qui signifiait soit un desserrement, soit même une coupure du plomb. Du coup mon moral s'effondra :

— C'est le bon Dieu qui me punit!

Nous réussîmes à nous traîner jusqu'à Beillant, où le mécanicien qui faisait office de chef m'ordonna :

— Jetez le feu de cette machine! Pour le retour il y a un autre train de voyageurs. Vous prendrez une 2-3-0-800.

J'étais dans de beaux draps! Au retour, mon chef allait

pouvoir s'en donner à cœur joie. Je l'entendais déjà s'écrier : « Il est toujours plus fort que les autres! Il voulait sa machine, mais pour rentrer il a dû prendre une 2-3-0-800! » J'étais si touché dans mon amour-propre que je résolus de tenter le tout pour le tout.

— Écoute, dis-je à celui qui faisait fonction de chef, si je pouvais étancher cette fuite, ça arrangerait tout.

— Tu es fou! s'exclama-t-il. Je te le défends.

Et sans vouloir m'écouter davantage, il partit donner ses ordres pour que la 2-3-0-800 soit mise sur la voie de départ.

Je pris alors la décision d'entreprendre malgré lui une réparation extrêmement périlleuse. Je devais entrer dans la boîte à fumée, où régnait une température d'environ 70 degrés, et où le gaz carbonique venant du foyer risquait de m'asphyxier. Si le plomb n'était que desserré, j'avais une chance de réussir, mais s'il était coupé, la fuite allait s'aggraver, et je risquais alors de mourir ébouillanté.

Je réglai l'ouverture de ma clef à molette sur une autoclave, pris trois ou quatre torchons et entrai dans la boîte à fumée. Je pouvais à peine respirer, tant les gaz me prenaient à la gorge, mais je pus passer derrière la colonne d'échappement. La chaleur était effrayante; je ruisselais de sueur et mes genoux baignaient dans l'eau bouillante. Je cherchai l'écrou en tâtonnant et le crochetai avec ma clef à molette. Ma vie dépendait de ce moment précis. Je serrai doucement. La fuite ne s'étanchait pas... Fallait-il continuer?

— À-Dieu-vat!

Je fis un demi-tour : la fuite s'étancha. À présent, sortir de cet enfer! J'étais trempé des pieds à la tête, et je toussais comme un beau diable. Je me jetai devant la machine sans passer par les marchepieds, pour m'étendre à même le sol.

Ma respiration revint progressivement.

— Dieu merci, c'est un véritable miracle, dis-je en levant les yeux au ciel.

Quelques instants plus tard, le mécanicien faisant fonction de chef arriva.

— Ça y est, me dit-il, la 2-3-0-800 est en place.

— Ce n'est pas la peine, je retourne avec ma machine.

— Mais voyons, c'est impossible!

— La fuite est étanchée.

Je lui racontai alors ce que je venais de faire, ce qui le rendit furieux :

— Te rends-tu compte? Et si le plomb avait été coupé! Tu serais mort dans des souffrances atroces, et on m'aurait rendu responsable.

Mon orgueil était satisfait, car je n'allais pas passer pour un rigolo en rentrant à Saint-Mariens, mais je savais que sa colère était mille fois justifiée.

— Ne m'en veux pas, je reconnais que j'ai eu tort. À présent c'est fait. Allons à l'abreuvoir.

Je ne sais quel démon m'a pris ce jour-là. J'ai pensé bien des fois à cette boîte à fumée, et aujourd'hui encore il m'arrive d'avoir froid dans le dos en songeant au sort que j'aurais mérité.

Fin 1944, la guerre était encore bien loin de se terminer; les combats faisaient rage dans toute la partie est du pays. Les bateaux américains arrivaient en grand nombre à Cherbourg et au Havre pour débarquer des centaines de locomotives et de wagons destinés à acheminer les hommes et le matériel jusqu'au front. Les Américains eurent donc besoin d'un renfort considérable en roulants et firent tout naturellement appel aux Français.

Je retournai ainsi à Cherbourg au mois de décembre,

mais cette fois-ci j'étais dans le camp des vainqueurs. Rondillac, qui faisait alors équipe avec moi, fut désigné pour m'accompagner. À l'époque, ce n'était pas une mince affaire que d'atteindre le grand port militaire. Un autorail spécial procéda au ramassage des agents dans les dépôts de Saint-Mariens, Saintes, Niort et La Rochelle; à Nantes, le pont du chemin de fer étant coupé, nous dûmes en rejoindre un second à pied. Le train passa ensuite par Le Mans, puis arriva dans le département de la Manche. Pour gagner Cherbourg, nous traversâmes des villes qui avaient terriblement souffert au cours de la bataille de Normandie : Saint-Lô, Sainte-Mère-Église, Valognes. Les bombardements avaient causé des dégâts très importants, et les Allemands avaient fait le reste. Les ponts avaient sauté, les prises d'eau pour les machines étaient détruites, les signaux mécaniques et électriques avaient disparu.

À Cherbourg, nous fîmes connaissance avec les Américains, qui avaient pris l'intégralité du trafic ferroviaire sous leur responsabilité; les cheminots français les doublaient, mais c'étaient eux qui commandaient. Leur premier travail fut de remonter les ponts et de remettre les voies en état. Ils avaient mis en œuvre des moyens énormes pour rétablir l'accès à Cherbourg : les Allemands ayant fait sauter un tunnel avec un train de munitions, ils réussirent en quelques jours d'efforts incessants à mettre ce tunnel à ciel ouvert et à rouvrir la ligne.

En l'absence presque totale de signaux, ils organisèrent une signalisation de chemins de fer de campagne. Lorsqu'un train direct quittait Cherbourg pour une destination quelconque, en principe il ne s'arrêtait pas. Seul l'éclatement de pétards pouvait imposer la marche à vue au mécanicien. Au premier point protégé, celui-ci trouvait une torche allumée qui éclairait comme un feu de

Bengale; il arrêtait alors son train et attendait les ordres.

La puissance et l'organisation des Américains étaient remarquables, mais notre plus grande surprise fut de voir l'abondance dans laquelle ils nageaient. Ils avaient installé une cantine dans chaque gare et nous servaient gratuitement une nourriture très riche, composée de boîtes de conserve et de produits surgelés : dinde, bœuf, champignons, fruits, crêpes arrosées de jus d'ananas; bref, nous ne manquions de rien. Tous ces aliments étaient vitaminés, si bien qu'on se sentait dans une forme extraordinaire. Les fumeurs avaient même des cigarettes à volonté.

Bien sûr, en échange, ils exigeaient du rendement; ils ne s'occupaient absolument pas de la réglementation du travail, encore moins que les Allemands. Avec eux, les choses étaient toujours urgentes : les bateaux déchargeaient en permanence à Cherbourg, et le transport immédiat des marchandises contribuait à la victoire définitive. En outre nous avions plus le cœur à travailler avec eux qu'avec les Germaniques.

Nos rapports avec les cheminots américains étaient fondés sur une décision de l'état-major allié : « Les Français feront les trains, un agent de la traction américaine les pilotera. » Mais il était beaucoup plus difficile de communiquer avec eux qu'avec les Allemands, dont beaucoup parlaient notre langue, et qui presque tous étaient capables au moins de se faire comprendre. Avec nos collègues américains, nous en étions réduits aux gestes; il se trouvait sans doute des cheminots qui connaissaient le français, mais je n'en ai rencontré aucun.

Les pilotes étaient toujours très généreux avec nous. Une fois, durant un arrêt à Valognes, je me chauffais devant la porte ouverte du foyer car je n'avais que mes bleus de travail. L'Américain me fit comprendre : « Pourquoi n'as-tu rien pour te couvrir? » Je lui fis un signe résigné qui signifiait : « Tant pis! » Il sauta alors de la machine sans passer par les marchepieds, pour revenir cinq minutes plus tard avec une superbe canadienne toute neuve. Ils avaient autant de magasins que de cantines : comment ces gens-là auraient-ils pu perdre la guerre?

Une autre fois, mon pilote s'aperçut que j'avais les pieds gelés dans mes souliers usés, et que je devais sautiller sur place pour les réchauffer. À la première gare, il partit chercher deux paires de souliers neufs en bon cuir; il me les fit essayer et alla reporter au magasin ceux qui n'étaient pas à ma pointure. Mais ce qui les frappait le plus, c'était de nous voir travailler sans gants, alors qu'ils en portaient tous. Ils m'en offrirent plusieurs paires, mais je ne m'en servis pas car j'avais l'habitude de conduire mains nues.

Le premier principe des Américains était de ne pas faire d'économies. Les locomotives à vapeur qu'ils avaient apportées avec eux étaient puissantes, très modernes, mais pas construites pour durer longtemps. Très dépensières en huile, ces machines étaient aussi de véritables gouffres à charbon. Quand il y avait un déraillement, soit en gare, soit en pleine voie, ils relevaient la machine avariée et la remplaçaient aussitôt par une neuve.

— Nous n'avons pas le temps de la réparer, disaient-ils. Les Français le feront après la guerre.

Et, de fait, je crois bien qu'en 1945 ils en offrirent un grand nombre à la SNCF.

Dans la nuit du 23 au 24 décembre, je fus commandé avec mon compagnon pour acheminer un train sur Caen. Je pris la machine au dépôt à une heure trente, et allai accrocher la rame à la gare maritime. Nous n'avions pas d'heure pour partir ni d'horaire fixé pour le trajet; il fallait simplement attendre que la voie soit libre. Le signal de départ s'ouvrit au bout d'une heure, mais nous n'allâmes pas loin : à Sottevast, le train écrasa les pétards et fut arrêté par le feu de bengale, ce qui obligea notre pilote à partir aux renseignements dans la gare. Une nouvelle heure s'écoula avant que la ligne soit dégagée. Ce scénario se répéta dans toutes les gares jusqu'à la limite du département de la Manche.

Lison, la première gare du Calvados, était un relais de machines et d'équipes; elle possédait un dépôt de locomotives et un poste de commandement américain. Comme il était onze heures du matin, nous allâmes déjeuner à la cantine pendant qu'une équipe américaine graissait la machine, l'approvisionnait en charbon et faisait le plein d'eau. Rondillac était très fatigué :

— Ça fait onze heures que nous avons pris notre service, et nous ne sommes pas rendus à Caen. Si nous demandions notre remplacement? Il y a des équipes de réserve qui sont prévues.

— Tu sais, je ne suis pas très chaud pour cette solution. Quand on est commandé pour une destination, en principe il faut l'atteindre.

Mais il insista tellement qu'en fin de compte je me rendis au bureau de la feuille des cheminots français. Le chef comprit très bien notre situation :

— Si ça ne dépendait que de nous, ce serait d'accord, mais ce sont les Américains qui commandent. Ils contrôlent tout jusque dans les moindres détails. Allez à leur PC. S'ils acceptent, vous prendrez votre repos.

Je me rendis donc au poste de commandement et frappai à la porte. Dans la salle se trouvaient quatre Américains habillés en militaires, avec des étoiles. L'un d'entre eux téléphonait, les autres étaient assis dans des fauteuils avec les pieds sur une table, ils fumaient des cigares gros comme des barreaux de chaise. Il régnait un désordre indescriptible : rien n'était fixé, des fils se baladaient partout, l'atmosphère viciée par le tabac était asphyxiante.

— Qu'est-ce que c'est? me demanda l'un des fumeurs dans un français excellent.

Je lui fis le même exposé qu'au chef de feuille. Il me regarda, enleva ses pieds de la table et me dit :

— Vous êtes commandés pour aller à Caen. Eh bien, allez à Caen.

J'eus beau lui répéter que mon chauffeur était fatigué et que nous n'arriverions pas avant la nuit suivante, il ne voulut rien entendre.

— Quand on fait la guerre, on n'est pas fatigué. D'ailleurs il faut économiser les équipes. Si vous avez faim, il y a la cantine. Si vous avez besoin d'argent, dites-le. Je ferai le nécessaire. Si vous voulez fumer, alors prenez.

Il me donna trois ou quatre paquets de cigarettes américaines et conclut :

— Vous saurez que la guerre n'est pas terminée. Les Allemands sont encore en France. Les soldats qui se battent ne se plaignent pas de la fatigue. Ce sera pareil pour vous. Je vous demande de continuer et d'aller à Caen.

Je ne me le fis pas redire une seconde fois. C'était une sacrée leçon de morale et de civisme, et je regrettais sincèrement mon intervention.

— Nous allons à Caen, dis-je.

— Bien, me répondit-il avec un petit sourire.

Il leva le bras et je sortis. Il ne me restait plus qu'à rapporter cette entrevue à Rondillac.

— Il faut quand même comprendre, lui expliquai-je, c'est normal, nous ne sommes plus avec les Prussiens.

Nous repartîmes vers treize heures avec un nouveau pilote et arrivâmes à Caen beaucoup plus vite que prévu, vers dix-neuf heures. Une équipe nous remplaça; le train devait passer par Paris, puis se diriger vers le front.

La ville avait énormément souffert des bombardements alliés : partout ce n'étaient que ruines et décombres. La gare et le dépôt étant pratiquement détruits, les Américains utilisaient des installations de fortune et logeaient les cheminots dans des baraquements en bois.

Après avoir fait notre toilette au corps de garde nouvellement bâti, nous allâmes comme de coutume à l'auberge. Ce café à moitié démoli, où les lampes à pétrole et les bougies remplaçaient la lumière électrique, était fréquenté par les Anglais. Lorsqu'ils comprirent que nous étions cheminots, ils vinrent nous serrer la main et insistèrent pour payer nos consommations; ils nous donnèrent même des paquets de cigarettes. Ensuite nous allâmes dîner à la cantine américaine, et à vingt et une heures nous étions au lit. Ce soir-là, il fut inutile de nous bercer pour nous endormir.

Mais à peine avions-nous sombré dans le sommeil du juste que la porte s'ouvrait. « Déjà! », me dis-je en regardant le réveilleur.

— Je parie que tu as une commande pour effectuer un train sur Cherbourg?

— Non, pas du tout. Les Américains vous font demander si vous voulez venir fêter Christmas avec eux. Ce n'est pas une obligation, ils vous invitent par politesse.

Eh oui, c'était la nuit de Noël 1944! Et pourtant nous dormions si bien... Après avoir un peu hésité, car nous savions qu'il faudrait repartir le lendemain matin, nous décidâmes de nous relever.

Les Américains avaient bien fait les choses : dans une grande salle, un arbre de Noël géant était richement garni, et des lumières éblouissantes illuminaient le moindre recoin. Ils nous accueillirent chaleureusement et nous invitèrent à passer à table. Outre quelques agents de la SNCF, des officiers, de simples soldats, des cheminots, chefs et exécutants, se cotoyaient sans distinction de rang. Ce fut un véritable festin, avec une profusion de desserts, de bonbons, de pralines et de dragées. Dire que nous avons tout cela à volonté, pensais-je, alors que ce soir ma petite fille n'a peut-être rien dans son soulier.

Ensuite, tout le monde entonna des cantiques, les officiers avec une telle ferveur qu'ils couvraient toutes les voix. Ils chantaient si fort que j'avais peur de voir éclater les veines de leurs cous, dilatées par l'effort. Vers une heure trente, nous remerciâmes nos hôtes pour cette soirée exceptionnelle et retournâmes nous coucher.

Mais une fois de plus, la porte s'ouvrit brutalement : il fallait sur le champ repartir sur Cherbourg. Nous quittâmes Caen à quatre heures du matin, en tête d'une rame vide de quatre-vingts wagons.

— Pourvu qu'on n'arrive pas trop tard à Cherbourg, dis-je à Rondillac, parce que ce soir on repart. Heureusement, on a cette nourriture vitaminée pour tenir le coup.

Les roulements continuèrent à ce rythme effréné pendant tout notre séjour en Normandie. Plusieurs fois nous fûmes commandés pour remorquer des trains sanitaires; ils passaient en principe sur la ligne Paris-Cherbourg, mais il nous arriva aussi d'aller en chercher à Saint-Lô. Au début, j'appréhendais de conduire ces trains, très difficiles à assurer dans de bonnes conditions. Nous étions en effet habitués au frein Westinghouse, et nous avions du mal à nous adapter au frein moderne, excellent mais beaucoup plus délicat, dont étaient équipées les nouvelles locomotives américaines. Les réactions dans le freinage étaient sans conséquence pour des wagons de marchandises, mais elles étaient catastrophiques pour des trains sanitaires. Je fis tout mon possible pour m'accoutumer rapidement, et bientôt je réussis à conduire en souplesse. Ai-je besoin d'ajouter qu'à la pensée de tous ces blessés qui revenaient du front, notre fatigue disparaissait.

Enfin notre temps de déplacement prit fin, et nous montâmes dans l'autorail spécial qui devait nous ramener à Saint-Mariens. La guerre s'éloignait chaque jour plus à l'est, et l'on sentait bien qu'elle tirait à sa fin. Nous allions encore devoir donner un grand coup de collier, mais déjà l'image de la paix se profilait à l'horizon. Bientôt ces terribles années d'occupation et de massacres ne seraient plus qu'un mauvais souvenir. Nous allions retrouver un monde où les enfants ignorent les restrictions, et où les trains partent à l'heure pour franchir les frontières et unir les peuples.

La vieille école

Chez les cheminots, la solidarité n'est pas un vain mot. Les premiers mois de 1945 furent marqués par un vaste mouvement d'entraide patronné par la SNCF qui se fixait pour but de secourir les agents ruinés par la guerre, c'est-à-dire avant tout nos camarades de Normandie. Bals, fêtes sportives et concerts animés par des cheminots reçurent un accueil chaleureux, d'autant plus que les Français avaient été sevrés de réjouissances populaires depuis cinq ans. Une troupe artistique fut fondée à Saint-Mariens, et son succès fut tel qu'elle se produisit dans toute la région, accumulant des bénéfices très importants. La SNCF mit une locomotive à sa disposition, afin de ne pas rogner en transports les sommes destinées intégralement aux victimes de la guerre; je devins le mécanicien attitré de ces trains très spéciaux.

Cependant, je partis encore deux fois faire des roulements pour l'armée américaine, au Havre puis à Paris. Je trouvai la première ville dans un état voisin de celui de Caen; parmi des champs de ruines, seul le dépôt avait été à peu près épargné. Dans le courant de l'été, je fis mon dernier déplacement au dépôt des Batignolles où nous travaillions pour les Américains sans toutefois être à leur disposition. Nous formions des trains sanitaires ou de permissionnaires en gare Saint-Lazare.

C'est durant ce séjour à Paris que j'ai raté l'une des plus belles occasions de ma vie. Un jour, un homme assez jeune et très élégant arriva au dépôt; il recrutait des volontaires parmi les agents en déplacement pour être figurants dans un film intitulé : *la Bataille du rail.* C'était René Clément en personne, metteur en scène de ce film promis à un grand succès. J'allais accepter cette proposition intéressante, mais mon compagnon n'était pas enthousiaste :

— Nous allons perdre notre roulement de manœuvres à la gare Saint-Lazare. Allez, laisse tomber. Ici nous sommes tranquilles.

Comme on est deux dans une équipe, je ne voulus pas insister, mais aujourd'hui je regrette de ne pas avoir participé à une expérience aussi passionnante.

Avec ce déplacement au dépôt des Batignolles s'achevaient les conditions de travail très particulières dues à la guerre. Après avoir conduit des trains en Syrie, en Bretagne et en Normandie, je repris un rythme beaucoup plus régulier. Mais ce retour à la routine ne signifiait pas pour autant une existence paisible et sans histoires : le métier de roulant réserve toujours des surprises.

Par une chaude journée de septembre 1945, je revenais de Saintes en tête d'un train de manœuvres, lorsque soudain les deux injecteurs refusèrent obstinément de fonctionner. Les soupapes de sûreté sautaient sans arrêt, et l'eau diminuait rapidement dans le tube à niveau. Je m'arrêtai en gare de Montendre, près de Jonzac, pour démonter les tuyères, mais je n'y trouvai ni filasse de manches de prises d'eau, ni petits bouts de charbon. Tout était propre, et pourtant il était impossible de faire prendre ces sacrés injecteurs. Ce n'était plus le moment de se poser des questions : l'eau était à la bague dans le tube à niveau, et les plombs allaient fondre si nous n'intervenions pas.

Mon compagnon baissa alors la grille-bascule, et nous jetâmes le feu. Complètement désemparé, le chef de gare regardait brûler les traverses de chêne de la voie.

— Faut-il demander la réserve? me demanda-t-il.

— Non, pas tout de suite. Je te conseille d'attendre.

Depuis que nous avions jeté le feu, la pression avait baissé d'environ un kilo. Bien que dans notre situation il soit rigoureusement interdit d'actionner les injecteurs, je les essayai instinctivement : ils fonctionnaient à merveille! Je compris alors la raison de nos ennuis.

J'ai déjà dit que l'occupation était une période de discipline relâchée, de laisser-aller, et souvent même d'anarchie. Certains mécaniciens, dont je faisais d'ailleurs partie, avaient trouvé une combine pour augmenter la puissance des machines dans les rampes et s'offrir ainsi une marge de tranquillité : il suffisait de mettre une petite rondelle sous le siège des soupapes de sûreté. Cette opération s'effectuait sur une machine froide, et pendant la nuit, car c'était évidemment une faute très grave. Une machine timbrée à 15 kilos au manomètre de pression pouvait alors monter à 16, voire 16,5 kilos. Elle ne risquait pas d'exploser puisqu'elle était éprouvée au double de son timbre prévu, mais nous nous exposions malgré tout à l'arrachement des prises de vapeur et des joints, ce qui risquait de provoquer des accidents. Les chefs mécaniciens auraient pu découvrir la supercherie, mais nous avions trouvé une parade : une fois le verre du manomètre démonté, nous faussions légèrement l'aiguille avec une pince, pour qu'elle soit juste sur la marque des 15 kilos.

Ce jour-là, il faisait presque trente degrés à l'ombre, et la pression était trop puissante pour l'arrivée d'eau. Le mélange ne s'effectuait pas dans les tuyères des injecteurs, l'eau n'était pas refoulée dans la chaudière, et la forte pression empêchait le clapet d'introduction de se soulever. Mais il avait suffi de faire baisser la pression pour que les injecteurs retrouvent un fonctionnement normal. Dans ces conditions, ma décision fut rapide :

— Ne demande pas la réserve, dis-je au chef de gare. Nous allons rallumer la machine. Il n'y aura pas de problèmes.

Pendant que le chauffeur cassait une quinzaine de briquettes, j'allai ramasser du bois mort parmi les pins qui côtoyaient la voie. Le chef de train, le conducteur [1] et le chef de gare m'aidèrent à en rapporter plusieurs brassées et à les mettre dans le foyer. Comme le feu venait d'être jeté, il régnait encore une température supérieure à cent degrés, et le bois sec s'embrasa immédiatement. Le chauffeur chargea alors la briquette cassée menue et obtint rapidement de la braise en actionnant le souffleur. Du coup, la pression remonta de 12 à 15 kilos, niveau qu'il ne fallait surtout pas dépasser. Le travail pouvait reprendre.

Le chef de gare était un homme intelligent; il avait vu la vie de bagnards que nous menions quand les choses allaient mal.

— Je vais réduire la manœuvre au minimum, nous dit-il. Je vais vous donner les wagons qui doivent partir,

1. Sur les trains de manœuvres, il y a toujours un conducteur en plus de l'équipe traction et du chef de train; il voyage dans le fourgon de queue en compagnie de ce dernier.

mais je trierai la cour de la gare demain, avec le train montant sur Saintes.

Il eut même le beau geste de prendre pour le service exploitation les quarante-cinq minutes employées à jeter le feu puis à rallumer la machine, nous évitant ainsi une retenue sur nos primes traction.

Nous arrivâmes à Saint-Mariens avec une heure de retard environ, mais blancs comme neige, comme si de rien n'était. Pourtant, Dieu sait la vie que nous venions de mener!

L'incident resta cette fois-là sans conséquences, mais il était certain qu'un jour ou l'autre le pot aux roses serait découvert. Au cours d'une tournée, un inspecteur traction du service régional de Paris prouva qu'il avait du flair en faisant étalonner toutes les soupapes des locomotives du dépôt. Ce fut le drame! Quatre ou cinq machines dépassaient le timbre de 15 kilos, mettant ainsi le service réparations et les mécaniciens titulaires dans une situation critique. Nous n'en menions pas large, car déjà l'on parlait de sanctions sévères. Mais l'inspecteur savait que nous sortions d'une période exceptionnelle; il se contenta de faire beaucoup de bruit, sans signaler les infractions à Paris. La leçon fut salutaire, puisque jamais plus personne ne toucha aux aiguilles des manomètres.

Quelques mois plus tard, je commis une autre irrégularité, mais cette fois-ci très bénigne, et tout compte fait profitable au service. Ma machine titulaire depuis 1941, la 2-3-0-045, avait dû partir au levage à La Rochelle pour se refaire une santé après des efforts ininterrompus. En attendant qu'elle soit prête, je fus réduit à bricoler sur des trains facultatifs, principalement à Blaye.

En cet hiver 1945-46, la pénurie régnait encore, il fallait économiser sur tout. C'est pourquoi les dépôts chargés du levage ne repeignaient plus les machines, mais se contentaient de passer sur les chaudières un mélange composé d'huile de vidange et d'un vague produit noirâtre. Or mon compagnon et moi étions orgueilleux : nous ne voulions à aucun prix de cette mixture qui ne brillait pas, et qui rendait difficile l'entretien de la machine. Le dépôt de La Rochelle avait accepté de ne toucher à rien, puisque pour lui c'était du travail en moins. Il ne me restait donc plus qu'à trouver de la bonne peinture, comme autrefois.

Pour m'en procurer, je fis appel à mon beau-frère qui était chef d'équipe aux ateliers des voitures à Saintes.

— Je crois pouvoir te donner ce que tu veux, me dit-il. Nous avons de la bonne peinture pour les wagons de voyageurs.

Une nuit, je profitai d'un repos à Saintes pour aller récupérer un seau de quelques kilos placé dans une cachette dont nous avions convenu à l'avance. Je mis un litre de vin blanc à la place, dissimulai mon butin dans le coffre arrière du tender et rentrai sans encombre à Saint-Mariens. Certains me traiteront peut-être de voleur; je répondrai qu'il s'agissait d'un simple transfert pour peindre une locomotive de la SNCF.

Quand le dépôt de La Rochelle me prévint que ma machine était disponible, j'allai aussitôt la chercher avec mon compagnon. Le lendemain, nous profitâmes de notre journée de repos pour préparer notre bonne vieille 2-3-0-045. Au risque de passer pour des fous, nous embauchâmes à huit heures avec le seau de mon beau-frère. Lorsque nous sortîmes du dépôt à dix-huit heures, la machine était somptueuse : les cercles de cuivre soigneusement polis tranchaient sur la chaudière fraîchement repeinte.

Nous partîmes le lendemain pour Saintes en tête du

train de manœuvres. En parcourant la campagne charentaise, nous dressions la tête comme des lézards sur notre locomotive flambant neuve; elle brillait d'un tel éclat que nous avions peur de voir les alouettes se jeter sur la chaudière. Le moins qu'on puisse dire, c'est qu'elle fit une entrée remarquée en gare de Saintes. Les questions se mirent à pleuvoir :

— Comment ça se fait? De la peinture laquée! Qui t'a fait ça?

J'étais bien obligé de mentir pour avoir la paix :

— Oh, c'est le dépôt de La Rochelle. Elle est belle, hein?

— Oui, mais alors pourquoi pas les autres? me répondait-on avec une pointe de jalousie.

Je laissais dire. Au bout de quelques jours, tout rentra dans l'ordre et l'on cessa de me faire des réflexions. Ma locomotive devint simplement la « machine en or », comme autrefois ma 1-4-0-000.

Il faut dire qu'un mécanicien titulaire d'une locomotive finit par l'aimer, et que souvent il la connaît mieux que sa propre femme. On m'avait affecté cette 2-3-0-045 à mon retour de l'école du Mans, au printemps 1941, et je l'ai gardée pendant dix ans. Pas une seule fois elle ne m'a dit « non »; on ne risquait pas de rester en rade avec elle. Elle roulait bien car elle était graissée supérieurement; même dans les pires moments, elle ne manqua pas d'huile grâce aux litres de vin blanc. Elle dépensait peu d'eau et portait bien : les chandelles des ressorts de suspension étaient toujours bien graissés.

Son principal défaut était une certaine tendance à patiner, surtout quand elle était timbrée à 16 kilos au lieu de 15; les tuyaux des sablières devaient donc être maintenus en bon état. Malgré tout, lorsque le rail était gras à cause du brouillard ou du crachin, il arrivait que le sable se mouille et forme un bouchon à l'extrémité du tuyau. C'était particulièrement dangereux sur la ligne de Blaye, qui comportait une rampe de 12 % dans laquelle il était impossible de se lancer. Pour l'empêcher de patiner, je lui parlais comme à un cheval :

— Qu'est-ce que tu as ce matin à t'essuyer les pieds?

Mais mes encouragements étaient insuffisants. Elle continuait obstinément jusqu'à ce que j'aille taper sur les tuyaux pour faire partir le bouchon mouillé et laisser passer le sable sec.

Elle ne se remit jamais complètement du sabotage du 1er janvier 1944. Quand elle revint du levage avec un tiroir et un cylindre neufs, je compris qu'elle garderait toujours des séquelles. Le tiroir du côté droit n'était pas compensé, ce qui la faisait un peu boiter. Mais ces défauts étaient sans importance en comparaison de ses immenses qualités, et je reconnais bien volontiers que j'en étais jaloux : quand il s'agissait de ma machine, je n'étais vraiment pas prêteur!

Au printemps 1946, ma magnifique peinture laquée fut pourtant maculée par un liquide peu banal : du sang de vache! Nous roulions dans une courbe en faible déclivité, quand j'aperçus tout à coup sur la voie une vache dont les pattes antérieures étaient entravées. Je freinai énergiquement, mais un train de marchandises de 600 tonnes ne s'arrête pas comme une brouette. Je la tamponnai de plein fouet, avec l'impression d'entrer dans un mur. La malheureuse bête éclata sous le choc, et la machine traîna sa carcasse sur environ deux cents mètres. Nous descendîmes précipitamment, vite rejoints par le chef de train et le conducteur.

— Elle est coincée entre la traverse avant et le bogie de la machine.

— Il va falloir la dégager, maintenant.

— C'est plutôt macabre, comme travail, mais il faut le faire.

— Regarde l'avant de la machine, me dit Rondillac. Quel gâchis! On croirait qu'elle a été repeinte en rouge!

Nous sortîmes les restes de cette pauvre vache et les déposâmes sur la piste cyclable parallèle à la voie. Pendant que le chef de train rédigeait un rapport pour justifier cet arrêt, les propriétaires de la bête arrivèrent. C'était un couple assez âgé, dont le fils était cheminot, très exactement chef de canton au service de la voie. Ils étaient complètement désemparés, car pour eux c'était une lourde perte. Lorsqu'ils parlèrent de se faire indemniser par la SNCF, le chef de train leur conseilla de s'abstenir :

— En fait d'indemnisation, vous risquez surtout d'avoir un procès sur les bras. Il y a une loi qui régit ce cas : « Aucun animal domestique ne doit pénétrer dans les entreprises du chemin de fer. » Vous savez, en 1936, un train de voyageurs a déraillé entre Thouars et Paris à cause des bestiaux qui se trouvaient sur la voie. Il y a eu des morts et des blessés. Non, ne réclamez rien, vous ne vous attireriez que des ennuis. Du moment que la locomotive n'a pas d'avaries, l'affaire sera classée par la SNCF, surtout si votre fils est cheminot.

La bête était dans un pré situé à côté de leur maison; malgré les entraves, elle s'était égarée sur la voie. Nous leur conseillâmes vivement de clôturer cet herbage avant d'y mettre d'autres bestiaux. En repartant pour Coutras avec quarante-cinq minutes de retard, je songeais au désarroi de ces pauvres gens, mais aussi au carnage de moutons que j'avais fait quelques années plus tôt en Syrie. Quelle serait donc la prochaine espèce animale victime de ma machine?

Pour la SNCF, l'après-guerre fut une période de travail à pleins bras. Les trains de voyageurs et de marchandises tournaient sans interruption, d'autant plus que les transports routiers étaient handicapés par le rationnement de l'essence. D'autre part les ponts de Saint-André-de-Cubzac et de Beillant furent reconstruits, permettant un retour à la normale sur les lignes du Sud-Ouest.

Au même moment, la direction du dépôt de Saint-Mariens connut d'importants bouleversements; en effet, notre chef fut exclu du service de sécurité pour tension artérielle et mis en service atténué : il ne travaillait plus que quatre heures par jour, et la conduite des locomotives lui était rigoureusement interdite. Pour la sécurité et la feuille, il fut remplacé par un mécanicien qui restait désormais en permanence au bureau. Enfin, un second mécanicien fut désigné pour assurer ces fonctions durant les congés, les repos et les absences du premier. Cet intérimaire était très bien considéré, très sérieux, mais il partait malheureusement en retraite fin 1947.

Je savais qu'on pensait à moi pour lui succéder, mais j'avais alors l'intention de quitter Saint-Mariens pour revenir enfin au dépôt de Saintes. Ma qualification de mécanicien de rapides et d'express d'une part, mon ancienneté dans le grade d'autre part, me permettaient de devenir titulaire d'une Pacific. Cette affectation au grand service était plus rémunératrice et aurait des incidences sur ma retraite.

Au mois de novembre 1947, le chef d'arrondissement traction vint à Saint-Mariens pour régler cette question, mais j'étais à Coutras au moment de sa visite, et il ne put attendre mon retour. Les choses en restèrent là provisoirement, car un événement important vint perturber la vie des chemins de fer : de nombreux dépôts de la SNCF furent soudain paralysés par la grève.

À Saint-Mariens, tous les agents de la traction furent réunis au corps de garde pour un vote à bulletins secrets. À la différence de leurs collègues de Bordeaux-Saint-Jean, Saintes, La Rochelle, Niort ou Thouars, ils se prononcèrent négativement à une forte majorité, et les trains continuèrent donc à circuler.

En principe, les petits dépôts étaient toujours moins favorables aux grèves que les grands, cela pour deux raisons à mon avis. D'abord les grands leaders syndicaux se trouvaient en général dans les villes importantes où ils tenaient bien leurs troupes en main en multipliant les réunions et en gardant constamment le contact avec les agents, alors que pour venir dans les dépôts secondaires ils devaient se déplacer. Ensuite les femmes des roulants domiciliés en ville exerçaient en général un métier, ce qui permettait de supporter des jours de grève impayés. À Saint-Mariens, où aucune femme de tractionnaire ne travaillait, seules les grèves de vingt-quatre heures étaient suivies. Il fallait une situation exceptionnelle pour nous inciter à arrêter le travail plus longtemps : lorsque, quelques années plus tard, le gouvernement Laniel voulut modifier le régime des retraites, il provoqua une grève de vingt-six jours suivie à 100 % à Saint-Mariens comme ailleurs. Tous les cheminots comprirent le danger et, cadres en tête, se serrèrent les coudes pour finalement l'emporter de haute lutte.

Mais en 1947, la profession était malheureusement divisée. Tout se passait très bien quand nous allions à Blaye, à Coutras, à Châteauneuf ou à Libourne, mais dans les grands dépôts nous rencontrions les grévistes; il fallait alors supporter des critiques, et parfois même des menaces. Je garde un très mauvais souvenir d'un train de voyageurs omnibus Bordeaux-Saintes, que je dus conduire car les agents de ces deux dépôts avaient débrayé. Je n'étais vraiment pas chaud pour l'assurer, mais il était impossible de refuser : je n'étais ni gréviste ni en fin de service.

Je n'eus aucun problème à Bordeaux, mais j'appréhendais l'arrivée à Saintes, où tout le monde me connaissait. Les grévistes nous accueillirent devant l'arrondissement par quelques cris et quelques réflexions désobligeantes. Mon compagnon et moi regardions droit devant nous, comme si nous avions été seuls. Nous n'étions pas très fiers de nous retrouver dans pareille situation, mais il n'y avait rien à faire : notre dépôt avait voté contre la grève. Nous ne rencontrâmes que des cadres en allant nous faire porter rentrants au bureau de la feuille. Les trains de marchandises avaient été supprimés, mais les chefs mécaniciens et les inspecteurs devaient assurer certains trains de voyageurs. Cette obligation les mettait d'ailleurs dans tous leurs états, car la conduite d'une machine à vapeur ne s'improvise pas au pied levé.

En sortant du dépôt presque désert pour me rendre chez mes parents, je rencontrai le chef d'arrondissement traction qui m'avait manqué quelques jours auparavant à Saint-Mariens.

— Justement, je voulais vous voir, dit-il en me serrant la main. Voulez-vous monter dans mon bureau.

Je lui emboîtai le pas.

— Péroche, je vous désigne pour remplacer le mécanicien intérimaire qui part en retraite à la fin de l'année. Vous exercerez les fonctions de chef de réserve à sa place.

— À vrai dire, monsieur, ça ne m'intéresse pas. Je voulais faire une demande pour venir à Saintes au service Pacific.

— Oui, oui, je comprends tout à fait, mais voyez-vous, j'ai besoin de vous à Saint-Mariens.

— Mais il y a d'autres mécaniciens qui peuvent assurer ces fonctions!

— Bien sûr, mais vous êtes sorti de l'école de perfectionnement du Mans à un rang honorable. Il est normal que ce soit vous qui preniez cette place.

J'étais effectivement le seul sénateur du dépôt, mais je me défendis comme un beau diable, en insistant sur les avantages que je trouverais en venant à Saintes, surtout pour ma retraite.

— Bon, dit-il, puisque c'est comme ça, vous partirez en retraite comme chef de réserve. Le titulaire part l'année prochaine. Le mécanicien qui l'assiste passera l'examen et sera nommé à sa place. Vous assurerez toutes ses absences, et quand il partira en retraite, vous passerez à votre tour l'examen de chef de réserve. Vous partirez donc à se grade, ce qui compensera largement les avantages acquis au service Pacific.

— Mais j'aurai quarante-sept ou quarante-huit ans! Passer un examen à cet âge me semble assez scabreux.

— Ne vous en faites pas. On vous mettra à l'école une dizaine de jours, et vous serez bon.

J'hésitais toujours, car le service Pacific me semblait plus solide que toutes ces belles paroles, mais il se fit si pressant que je finis par céder. Il me serra la main en ajoutant :

— Nous vous ferons confiance.

En arrivant à Saint-Mariens dans le courant de la nuit, j'annonçai à ma femme la décision de notre chef suprême. Elle fut bien loin de s'en réjouir car elle souhaitait retourner à Saintes, mais le destin avait tranché.

— Il est trop tard pour revenir en arrière, lui dis-je. Le sort en est jeté!

Je pris mes nouvelles fonctions au mois de décembre, tout en continuant mon roulement quand le titulaire était présent. Je n'étais pas habitué à rester des journées entières dans un bureau, mais tout compte fait le travail était passionnant. Dans les premiers temps, j'eus un peu de mal à me faire à toutes les paperasseries, car je n'avais jamais reçu de formation « bureau ». Il n'est pas non plus facile d'assurer des fonctions sans en avoir le grade, et je ne voyais pas que des roses. Autant un patron en titre est respecté et écouté, autant son remplaçant éprouve des difficultés à obtenir l'obéissance des agents qui sont à la même échelle que lui. Bien souvent je fus tenté d'abandonner, mais mes chefs me soutenaient si loyalement que je ne voulais pas trahir leur confiance.

Comme prévu, le chef titulaire partit en retraite avec un peu d'avance, car sa santé était très précaire, et son adjoint le remplaça après dix jours d'école et un succès à l'examen. Cela ne changea pas grand chose pour moi : je continuai à alterner les fonctions de mécanicien et de chef de réserve, entre autres tous les dimanches.

L'une des tâches les plus ingrates de mon nouveau poste était le dépannage. Dans les grands dépôts, une équipe de réserve se tenait nuit et jour à la disposition du bureau de la feuille pour intervenir en cas de défaillance humaine ou d'avarie mécanique. Mais dans un petit dépôt comme celui de Saint-Mariens, le dépannage était assuré par le chef de réserve; dans la journée, il pouvait quelquefois trouver des agents disponibles, mais la nuit il devait partir lui-même chercher le train en difficulté, avec le surveillant de dépôt comme chauffeur.

Il m'est arrivé bien des fois d'être tiré du lit à cause

d'une panne ou d'un déraillement, mais de tous ces mauvais souvenirs, le pire date assurément d'un certain mois de février sibérien. De mémoire d'homme, on n'avait jamais vu cela en Gironde : il était tombé près d'un mètre de neige, et les températures descendaient au-dessous de moins dix degrés. Pour corser le tout, mon patron était en congé pour une dizaine de jours, si bien que je me retrouvais tout seul face à cette situation épouvantable. Les trains partaient en retard, les agents de la voie devaient dégager les aiguilles sous des amoncellements de neige, bref c'était la confusion la plus totale. À Cubzac-les-Ponts, le train ouvrier de Bordeaux creva purement et simplement : la neige était entrée dans le cendrier de la machine et avait noyé le feu dans le foyer! On dut avoir recours aux chasse-neige pour dégager les voies et rétablir le trafic après plusieurs heures d'interruption.

La première nuit, le surveillant de dépôt vint frapper à ma porte.

— Il est minuit. Qu'est-ce qui se passe?

— Eh bien voilà, me dit-il, le train 4911 de messageries demande la réserve à Montendre.

— Bien. Prépare la machine de réserve, étale le feu et allume les signaux. J'arrive.

Quand on est bien au chaud dans son lit douillet, quel plaisir de se lever en quatrième vitesse pour aller conduire un train par moins dix degrés! Je pris tout de même le temps d'avaler un bon café chaud, puis j'enfilai mon cuir et me hâtai vers le dépôt.

Il fallut parcourir les vingt kilomètres qui nous séparaient de Montendre tender en avant, c'est-à-dire sans la protection de la cabine. Ce fut un véritable supplice. Comme je n'avais pas de gants selon mon habitude, je dus m'entourer les mains avec des torchons tellement il faisait froid. Le vent nous piquait la figure de façon atroce : c'était à devenir fou.

Enfin, nous entrâmes en gare de Montendre; le fait de s'arrêter donnait presque une impression de chaleur! Le retour avec le train en remorque fut beaucoup plus supportable, car cette fois-ci nous étions dans le sens de la marche. Je donnai une 1-4-0-000 anglaise à l'équipe de La Rochelle, puis j'allai me recoucher sans tarder, car mon service reprenait à huit heures.

On dit souvent que les plaisanteries les plus courtes sont les meilleures, c'est pourquoi je comptais bien passer toute la nuit suivante au fond de mon lit. Mais le destin est parfois cruel : je dormais comme une souche lorsque le surveillant de dépôt, le même que la veille, tambourina à ma porte.

— Qu'est-ce qu'il y a encore?

— La gare vient de téléphoner. L'express de nuit Bordeaux-Nantes demande la réserve à Cubzac-les-Ponts.

— Mais qu'est-ce que j'ai donc fait pour avoir tous ces ennuis?

Ce fut le même scénario à vingt-quatre heures de distance : l'aller effrayant, tender en avant, puis le retour sur Saint-Mariens avec le train et la machine avariée. Deux nuits consécutives! Le surveillant et moi n'avions jamais eu aussi froid de toute notre pauvre existence! Et pourtant nous nous en sommes bien tirés, sans attraper le moindre petit rhume. Il est vrai que les roulants à la traction vapeur avaient la peau épaisse. Je dois ajouter que toutes ces heures supplémentaires faisaient partie des obligations d'un chef, et qu'elles n'étaient donc ni payées ni même à reprendre. Comme je remplaçais le chef, j'héritais de ses devoirs, mais pas de son traitement. Depuis, les syndicats ont fait entendre leur voix, et les choses se sont bien améliorées; j'ai simplement eu la malchance de naître quinze ans trop tôt.

Après bien des années d'éloignement, je fus repris par le démon du rugby. Je n'avais jamais perdu le contact avec le sport de ma jeunesse, mais je devais me contenter des journaux et de la radio, puisque je remplaçais mon patron tous les dimanches. Au mois de février 1948, les célèbres *Wallabies* australiens firent une tournée en Europe, ce qui fut pour moi l'occasion de renouer avec les grands matches internationaux. J'allai les voir à Bordeaux un samedi après-midi, accompagné de mon beau-frère de Saintes et d'un camarade de Saint-Mariens originaire de Saint-Vincent-de-Tyrosse, pays du rugby par excellence. Après le match, mon beau-frère me dit :

— Marcel, tu devrais organiser une rencontre de vétérans à Saint-Mariens.

— Non, non, ça ne prendrait pas. Le rugby est inconnu dans la région, surtout dans cette commune de fanatiques de ballon rond. Tu sais, un jeu qu'on appelle le football...

Mes deux compagnons revinrent à la charge :

— Mais si, ça peut marcher. Ne t'avoue pas vaincu avant d'avoir essayé.

Leur idée me paraissait irréalisable, car à chaque fois que j'essayais de parler de rugby aux sportifs de Saint-Mariens, c'était aussitôt une levée de boucliers contre le sport roi, mais après tout, pourquoi ne pas tenter l'aventure? Le magnifique spectacle offert par les joueurs australiens et la sélection du Sud-Ouest dirigée par André Moga m'avait donné des ailes.

Quelques jours plus tard, je pris contact avec mes amis saintais, qui s'engagèrent sur le champ à former une équipe pour venir jouer à Saint-Mariens. Je formai ensuite un bureau avec quelques sympathisants. La première partie du programme étant réalisée, il me fallait à présent trouver un stade. Nous pensâmes aussitôt au terrain de football : il suffirait d'enlever les cages pour mettre nos poteaux à la place, mais il était probable que la société de football allait en faire un drame. Heureusement, le terrain était entretenu aux frais de la SNCF, et celle-ci nous autorisa à l'utiliser gratuitement. Il ne restait plus qu'à constituer notre équipe de vétérans. À quatre joueurs de Saint-Mariens vinrent se joindre des médecins, des notaires et des avocats de Blaye, Saint-Savin et Saint-André-de-Cubzac, en somme le dessus du panier. Une équipe formée d'intellectuels et de personnalités était garante du succès, car la curiosité ferait venir les gens.

L'entraînement commença alors d'arrache-pied; nous transpirions sang et eau pour faire honneur à notre sport, sous le regard narquois des footballeurs. Petit à petit la forme revenait, et le ballon ovale circulait de plus en plus vite. Avec un chef de la SNCF, je battis la campagne pour approvisionner la buvette; nous récoltâmes tellement de vin que le bureau décida d'en placer une demi-barrique au bout du terrain et de l'offrir aux spectateurs. Enfin la question des maillots fut réglée et l'arbitre désigné : ce serait un camarade qui jouait autrefois avec moi aux Cheminots de Paris. Tout était prêt pour le grand jour, fixé au 28 avril 1948.

La colonie saintaise arriva en force par l'express de neuf heures. En voyant quatre-vingts personnes descendre du train, le chef de gare fut ahuri :

— Quoi, tout ce monde pour voir jouer au ballon!

À peine arrivés, les Saintais furent conviés à assister à la plantation d'un arbre de la Liberté, qui commémorait le centenaire de la Révolution de 1848. La musique joua la *Marseillaise,* puis le maire fit un discours rappelant le sacrifice de nos ancêtres. Les musiciens en avaient profité pour déposer leurs instruments dans l'herbe; parmi eux, l'adjoint au maire buvait les paroles de son chef éloquent avec un tel recueillement qu'il en avait oublié son trombone. Pendant ce temps, un pilier de mêlée saintais cassait la croûte avec un hareng saur et un litre de vin rouge; un de ses camarades lui subtilisa la moitié du poisson pour l'introduire dans le trombone.

Enfin le discours se termina, et le chef de musique fit signe à ses hommes d'attaquer un morceau de circonstance. Notre adjoint souffla dans son trombone avec l'entrain d'un soldat de l'An II : aucun son ne sortit. Le chef s'impatienta, le musicien produisit à nouveau un effort digne de Roland à Roncevaux. Ses joues se gonflèrent, les veines de son cou se tendirent à éclater : toujours rien. Il regarda alors dans son instrument, s'aperçut que les ténèbres y régnaient et retira l'objet qui bouchait le conduit. Lorsqu'il sortit la moitié de hareng, l'assemblée croula de rire.

À quatorze heures trente, le coquet stade de la route de Pierrebrune était plein à craquer. Quinze cents personnes, en général très profanes, s'étaient massées pour voir les docteurs, les avocats et les notaires s'ébattre dans l'herbe avec un ballon ovale. J'avais même eu du mal à trouver des roulants pour assurer les trains, car tout le monde voulait être de la fête. Avec nos jeunes vieillards en maillot rouge et les Saintais en bleu, on aurait dit un bouquet de bleuets et de coquelicots sur la pelouse verte. Quel joli coup d'œil!

Le match se joua avec une passion excessive, les anciens voulant prouver qu'ils n'étaient pas finis, les Saintais ne pouvant accepter la défaite. Le public découvrait ce sport magnifique et se réjouissait bruyamment lorsqu'une personnalité était plaquée sans ménagement. Malgré deux blessés, notre équipe finit par l'emporter dix à neuf. La journée s'acheva dans une ambiance extraordinaire, et à minuit trente l'express Bordeaux-Nantes s'arrêta exceptionnellement en gare de Saint-Mariens pour prendre nos amis saintais. Le succès populaire et financier était tel que nous décidâmes de recommencer l'année suivante.

En fait, ce match amical sans prétentions se transforma très vite en véritable gala du rugby. La fête dura vingt-cinq ans, avec la participation de quarante-sept internationaux, dont certains monstres sacrés. Saint-Mariens vit défiler des clubs aussi prestigieux que Bègles, Cognac, La Rochelle, Périgueux, Angoulême et bien d'autres.

L'organisation de ces galas devint un énorme travail, sans aucun rapport avec le bricolage du début. Je continuai pour ma part à m'occuper de l'aspect sportif, en contactant les dirigeants et les internationaux. Je rencontrais tout ce beau monde à Paris puisqu'entre 1950 et 1983 je n'ai jamais manqué un seul match international à Colombes, puis au parc des Princes.

Tous les ans, une personnalité présidait les festivités. Ce fut pour moi l'occasion de retrouver Jean-Raymond Guyon, ministre du Budget, un ancien rugbyman libournais contre lequel j'avais joué autrefois, et de faire la connaissance d'hommes aussi remarquables que le général Duché, ou Jacques Lévêque, commandant du paquebot *Liberté*. Enfin ces galas rapportèrent des millions, dont les œuvres de la SNCF profitèrent largement.

J'eus par contre beaucoup plus de mal à monter une école de rugby, car les parents faisaient tout leur possible pour empêcher leurs enfants de venir avec moi. Un jour, l'un de ces ennemis acharnés du sport roi me dit textuellement :

— Mon fils ne jouera jamais au rugby. C'est un jeu de riches. Ça ne rapporte rien, tandis qu'au football les joueurs sont payés. Aux Girondins, ils touchent des centaines de milliers de francs et ils ne travaillent pas.

Gagner de l'argent sans travailler : le grand mot était lâché! Quelle triste mentalité!

Heureusement, je pus tout de même instruire quelques fils de cheminots et de propriétaires viticulteurs. J'avais même dans mon groupe un jeune Noir originaire du Gabon, qui logeait dans une famille de cheminots de Saint-Mariens. Ce garçon aux qualités sportives exceptionnelles fit ensuite sa médecine à Bordeaux, et il est devenu ministre de la Santé dans son pays. Tous ces gosses charmants me faisaient oublier les rebuffades des adultes et me permettaient de rester en bonne condition physique.

Les années cinquante virent une profonde restructuration de la SNCF, avec la suppression d'un grand nombre de lignes secondaires, aussi bien pour les voyageurs que pour les marchandises. Les pouvoirs publics imposèrent l'abandon du trafic de détail au profit des trains complets, beaucoup plus rentables évidemment. Dans notre région, la ligne de Libourne disparut malgré le transport du vin, ainsi que le tronçon Châteauneuf-Barbézieux en Charente. Les maires des communes desservies, les conseillers généraux et les députés protestèrent en vain, car ils s'opposaient à un plan autoritaire et aveugle. Ce fut une grave erreur et une imprévoyance manifeste, puisqu'il est aujourd'hui prouvé que le chemin de fer est le moyen de transport le plus économique en énergie et le moins polluant.

La suppression des lignes secondaires entraînait aussi celle de certains dépôts. Saint-Mariens commença à dépérir vers 1954 : les agents partant en retraite n'étaient pas remplacés, et les locomotives qui auraient dû passer aux ateliers étaient envoyées à la fonderie. Je fus personnellement touché par cette évolution impitoyable, car le grade de chef de réserve disparut avec la fermeture des petits dépôts. Je devais donc me résigner à partir en retraite comme mécanicien, malgré les promesses qu'on m'avait faites en 1947. Je n'en veux d'ailleurs pas du tout au chef d'arrondissement, qui ne pouvait pas prévoir des changements aussi rapides. Je ne devais m'en prendre qu'à moi-même : on m'avait en effet proposé pendant la guerre de suivre les cours de maistrance à Rouen, et j'avais refusé. Je rentrais alors de Quimper et je souhaitais rester un peu avec ma famille. J'avais aussi manqué de courage, car j'étais fatigué des alertes, des bombardements et des mitraillages. Et pourtant la conjoncture était bonne, car il fallait renforcer les cadres; deux camarades proposés en même temps que moi sont partis en retraite comme inspecteurs. Mais il ne sert à rien de regretter : c'est tant pis pour moi.

L'autre grand bouleversement fut l'apparition des machines américaines chauffées au fuel : les 1-4-1 R. Les intérêts pétroliers étaient beaucoup plus puissants que ceux du charbon, et l'ère du pétrole à outrance commençait. Ces nouvelles machines équipèrent d'abord les grands dépôts de La Rochelle, Nantes et Bordeaux, apportant une véritable révolution dans le travail du chauffeur. Suées, chaud et froid, fatigue corporelle, tout cela était bel et bien fini. Il n'y avait plus de briquettes à casser ni de charbon à approcher, il suffisait de rester assis devant le robinet distributeur de fuel. Le travail n'était plus pénible mais délicat, car il fallait suivre le moindre geste du mécanicien. Il n'était plus question de regarder le paysage ni de faire bonjour aux jolies garde-barrières. Par contre cette innovation ne changeait rien pour le mécanicien.

Les nouvelles 1-4-1 R étaient très bien portées, la suspension étant assurée par des ressorts à spirales; à 100 kilomètres à l'heure, elles étaient aussi confortables que des voitures de voyageurs. Extrêmement puissantes, elles pouvaient tirer des charges bien supérieures aux 1-4-0-000 anglaises, aux TP ou aux Pacifics, et elles excellaient sur les trains de voyageurs ou de messageries très lourds. Il m'est arrivé plusieurs fois de tracter 1 300 tonnes à 40 kilomètres à l'heure dans la rampe de Lormont, dont la pente est de 10 %. En outre les démarrages étaient très rapides, beaucoup plus qu'à la traction électrique, et la consommation assez économique, car à l'époque le fuel était bon marché.

Tous les roulants durent passer devant les chefs mécaniciens et montrer qu'ils étaient capables d'effectuer le travail de chauffeur dans ces conditions nouvelles. De toute façon, ce n'était qu'un contrôle de plus pour les agents de la traction, puisque ceux-ci doivent se présenter tous les ans à un examen. Celui-ci a pour but de les obliger à réviser continuellement les règlements, la signalisation, la sécurité, et toutes les matières indispensables à l'exercice de notre métier. Si par hasard un mécanicien échoue, il est renvoyé à huitaine, et en cas d'échec renouvelé, il est alors impitoyablement descendu des machines. Ces cas sont heureusement très rares, mais ils prouvent que tout est mis en œuvre pour assurer la sécurité des voyageurs. Malgré cela les accidents ferroviaires continuent à déchaîner un tollé général, alors que les hécatombes routières laissent l'opinion publique indifférente.

La santé des roulants est suivie avec le même sérieux

que celle des aviateurs : il est obligatoire de passer une visite de routine tous les ans et une visite de sécurité tous les trois ans. L'agent doit avoir une vue claire, lire sans hésitation le livre japonais, c'est-à-dire ne pas confondre les couleurs comme les daltoniens, et entendre parfaitement; son cœur doit fonctionner comme une horloge.

Nous avions à Saint-Mariens un vieux docteur originaire du Nord, qui aimait les roulants et les tutoyait tous sans exception. Rien ne le rendait plus triste que de descendre un mécanicien, aussi nous donnait-il de précieux remèdes :

— Fais attention, ne bois pas trop de vin blanc pour ta tension artérielle. Et puis tu n'as qu'à boire du prend-main [2] en infusion, à jeun et une fois par semaine. En jeune lune, c'est plus efficace.

J'ai toujours scrupuleusement suivi ses conseils, et grâce à lui je n'ai jamais eu aucun problème.

Il était aussi grand amateur de Byrrh. Lorsqu'il en prenait une bouteille à l'économat SNCF, il fallait la vider sur le champ car il ne l'emportait pas chez lui. Il appelait le chef de gare, le chef de réserve ou les roulants qui passaient par-là et leur faisait une ordonnance :

— Buvez, ça vous fera du bien. Vous êtes anémiés, ça va vous donner des couleurs.

Comme c'était un ordre médical, il va sans dire que personne ne se faisait prier...

Les années passaient, la retraite approchait. Le chef d'arrondissement vint à Saint-Mariens pour me demander de rester deux ans de plus, jusqu'à la suppression du dépôt, mais je refusai.

---

2. Cette herbe sauvage se trouve dans les haies et dans les jardins. Quand on la touche, elle prend à la main.

— Vous avez tort, me dit-il, cela améliorerait votre retraite.

Ma décision n'était peut-être pas très judicieuse, toujours est-il que je ne cédai pas et que mon départ fut fixé au 1er janvier 1958.

Quelques jours avant la date fatidique, je reçus une lettre du médecin-chef de l'arrondissement, qui m'invitait à le rencontrer dans son bureau de Saintes. Je me rendis à cette convocation et trouvai un bel homme tout de blanc vêtu.

— C'est vous, Péroche? Je voulais vous connaître. J'ai devant moi votre dossier médical, et je vois qu'il est vierge. Aucun arrêt de travail pendant toute votre carrière! C'est impensable! Pas la moindre petite chose en vingt-neuf ans!

— J'en suis fier, lui dis-je.

— Peut-être... Vous êtes une mine d'or pour la caisse de prévoyance, mais une catastrophe pour les médecins!

Il ne faudrait pas croire que je n'ai jamais eu d'ennuis de santé; je suis un homme comme les autres, et non un phénomène. Mais j'ai toujours eu pour principe de ne pas m'arrêter pour des choses secondaires. Il m'est arrivé de conduire des trains avec une plaie infectée à la jambe, avec une bronchite et quarante de fièvre, ou encore avec une déchirure musculaire à l'aine et la cuisse noire comme de l'encre, mais je mettais un point d'honneur à continuer. Au bout de quelques jours de souffrances, j'avais la grande satisfaction de pouvoir me dire : c'est bien, tu ne t'es pas arrêté.

On m'a souvent dit que j'étais un original, peut-être avec raison. Ainsi, je n'ai jamais pris de congés l'été, car je n'aimais pas « aller en vacances », selon l'expression consacrée. J'ai passé ma vie à travailler en plein air et dans le vent, et je n'avais pas les mêmes besoins que les ouvriers d'usine ou les employés de bureau. Je préférais me reposer au mois de janvier, car l'hiver est dur sur les machines, alors qu'en été les jours sont plus longs et le service plus agréable.

Pendant mes congés, je continuais tout de même à remplacer mon patron lorsqu'il prenait des repos, quitte à récupérer ces journées par la suite. D'autre part je confiais ma machine à un mécanicien sérieux et soigneux, pour être sûr de la retrouver en bon état. Avec la mentalité actuelle, je vais sans doute passer pour un fou, mais je dois dire que j'ai souvent profité de mon jour de repos pour venir travailler sur ma machine. J'arrivais au dépôt vers neuf heures et je commençais par laver les longerons et les roues avec un jet d'eau bouillante. Ensuite je nettoyais mes boîtes de roues et mes bielles, en débouchant bien les lumières pour que le graissage soit parfait. C'était la vieille école : nous ne regardions pas à notre temps, nous vivions pour le chemin de fer, pour nous l'entretien était presque une distraction. Lorsque je compare notre vie d'alors à celle d'aujourd'hui, je ne regrette rien.

J'ai eu la chance immense de faire le métier que j'aimais, à une époque où nous avions encore des responsabilités accablantes, mais en même temps une grande liberté. Toutes ces anecdotes, toutes ces aventures que j'ai voulu raconter avec sincérité ne sont pas le fait d'un homme exceptionnel; des milliers de roulants ont vécu des histoires semblables.

Nous sommes tous passés à travers des fortunes diverses, nous avons tous connu la soif atroce de l'été, la pluie et le vent glacial, le brouillard, la sueur, la fatigue, la peur du déraillement ou de la fonte des plombs. On nous a souvent envié notre plus belle récompense, la retraite à cinquante ans, mais en oubliant que pour nous la nuit et le dimanche étaient des mots vides de sens, et que beaucoup arrivaient usés au terme de leur carrière. Et pourtant ce métier de chien était l'un des plus beaux qui soit. Quelle autre profession aurait pu nous offrir la griserie de la vitesse, l'impression de puissance dégagée par la vapeur, les voyages quotidiens dans la campagne française, la lueur si familière du foyer?

Je ne voudrais pas terminer ce récit sans rendre hommage à ma femme Antoinette, qui m'a permis de mener l'existence dont je rêvais. Si la conduite des locomotives n'était pas un métier comme les autres, les épouses de roulants ne vivaient pas non plus comme les autres femmes. Antoinette a toujours montré une patience admirable, elle m'a attendu des heures interminables pour déjeuner, pour dîner, pour confectionner mon panier et me voir ensuite repartir vers ma machine. Elle n'a pas connu la tranquillité des autres familles, ni les joies des dimanches et des jours de fête, mais jamais elle ne s'est plainte. Enfin elle a dû supporter mon caractère et partager les difficultés du métier. Elle fut la compagne idéale d'un roulant des chemins de fer à la traction vapeur.

Table

Achevé d'imprimer
sur les presses
de l'Imprimerie Berger-Levrault, à Nancy
Dépôt légal : février 1984
N° d'imprimeur : 118053